Lusser · Die Mehr- und Wenigerrechnung

Die Mehr- und Wenigerrechnung

Auswirkungen von Bilanzberichtigungen und
Bilanzänderungen auf den Gewinn

von
Fritz Lusser
Ltd. Regierungsdirektor a.D.

2., überarbeitete Auflage

Friedrich Kiehl Verlag GmbH
Ludwigshafen (Rhein)

CIP-Kurztitelaufnahme der Deutschen Bibliothek

Lusser, Fritz:
Die Mehr- und Wenigerrechnung : Auswirkungen
von Bilanzberichtigungen u. Bilanzänderungen
auf d. Gewinn / von Fritz Lusser. – 2., überarb.
Aufl. – Ludwigshafen (Rhein) : Kiehl, 1986.
   ISBN 3-470-42312-1

ISBN 3 470 42312 1 · 1986
© Friedrich Kiehl Verlag GmbH, Ludwigshafen (Rhein)
Alle Rechte vorbehalten. Ohne Genehmigung des Verlages ist
es nicht gestattet, das Buch oder Teile daraus nachzudrucken
oder auf fotomechanischem Weg zu vervielfältigen, auch nicht
für Unterrichtszwecke.
Herstellung: Druckhaus Beltz, Hemsbach

Vorwort

Während meines Unterrichts in "Buchführung und Bilanzwesen" mußte ich immer wieder beobachten, daß selbst Prüfungsanwärter, denen die doppelte Buchführung keinerlei Probleme mehr aufgab und die deshalb auch in der Lage waren, Änderungen bei Bilanz- und GuV-Posten auf Grund von Bilanzberichtigungen und Bilanzänderungen richtig zu erfassen, bei der Prüfung der Auswirkung dieser Änderungen auf den Gewinn in Schwierigkeiten gerieten. Besonders zeigte sich dies in den Fällen, in denen sich ein Geschäftsvorfall auch in den folgenden Jahren auf den Gewinn auswirkte.

In diesem Buch habe ich mir die Aufgabe gestellt, den von der Betriebsprüfung entwickelten Begriff "Mehr- und Wenigerrechnung" sowie die Rechtsbegriffe "Bilanzberichtigung" und "Bilanzänderung" eingehend zu erörtern und das Erarbeitete anhand einer Übungsaufgabe zu vertiefen.

- Im Teil A werden die Begriffe "Mehr- und Wenigerrechnung", "Bilanzberichtigung" und "Bilanzänderung" erläutert.

- Teil B gliedert sich in drei Abschnitte auf:
    - Im ersten Abschnitt werden Buchungen auf ihre Wirkung auf den Gewinn überprüft.
    - Im zweiten Abschnitt werden die Auswirkungen der Buchungen auf den Gewinn der folgenden Wirtschaftsjahre untersucht.
    - Im dritten Abschnitt werden die Buchungen einer Firma auf ihre Richtigkeit überprüft und untersucht, wie sich falsche Buchungen der Firma auf den Gewinn der laufenden Wirtschaftsjahre und der folgenden Wirtschaftsjahre auswirken.

- Im Teil C wird die Mehr- und Wenigerrechnung nochmals eingehend anhand einer Übungsaufgabe nach den insbesondere im dritten Abschnitt des Teiles B praktizierten Bilanz- und GuV-Methoden dargestellt.

Die Broschüre wendet sich an Angehörige der Finanzverwaltung und des steuerberatenden Berufs zur Aus- und Fortbildung, aber auch an Praktiker des Rechnungswesens, die sich mit Folgeänderungen einer Betriebsprüfung auseinandersetzen müssen, etwa um Firmenbilanzen entsprechend den Betriebsprüfungsergebnissen anzupassen.

Die vorliegende Auflage wurde eingehend überarbeitet, wobei die inzwischen eingetretenen Gesetzesänderungen, Rechtsprechung und Änderungen von Verwaltungsanweisungen berücksichtigt wurden.

Bruchsal, im Juli 1986   Fritz Lusser

Inhaltsverzeichnis

Vorwort 5
Inhaltsverzeichnis 7
Abkürzungsverzeichnis 8

A. Einführung 9
  I.   Zum Begriff Mehr- und Wenigerrechnung 9
  II. Bilanzberichtigung 9
  III. Bilanzänderung 14

B. Darstellung der Mehr- und Wenigerrechnung 17
Erster Abschnitt: Darstellung eines Wirtschaftsjahres . 17
  I.   Auswirkungen von Geschäftsvorfällen auf den Gewinn 17
  II. Ergebnis dieser Darstellung 28

Zweiter Abschnitt: Darstellung über drei Wirtschafts-
                   jahre 30
  I.   Auswirkungen von Geschäftsvorfällen auf den Gewinn
       der folgenden Wirtschaftsjahre 30
  II. Gewinnermittlung nach der Bilanzmethode 34
  III. Gewinnermittlung nach der GuV-Methode 38

Dritter Abschnitt: Überprüfung der Buchungen der Firma
                   auf ihre Richtigkeit 45

C. Übungsaufgabe 109
  I.   Sachverhalt 109
       1. Allgemeines 109
       2. Prüfungsfeststellungen 110
  II. Aufgabe 116
  III. Lösung 121

Stichwortverzeichnis 177

Abkürzungsverzeichnis

AB	=	Anfangsbestand
Abs.	=	Absatz
Abschn.	=	Abschnitt
AfA	=	Absetzung für Abnutzung
AO	=	Abgabenordnung
BB	=	Betriebsberater
BFH	=	Bundesfinanzhof
BGB	=	Bürgerliches Gesetzbuch
BiRiLiG	=	Bundesrichtlinien-Gesetz
Bp	=	Betriebsprüfung
BStBl.	=	Bundessteuerblatt
BV	=	Betriebsvermögen $oder$ Bilanzvortrag
BVA	=	Betriebsvermögen Anfang
BVE	=	Betriebsvermögen Ende
DM	=	Deutsche Mark
Erh.	=	Erhöhung
EStDV	=	Einkommensteuer-Durchführungsverordnung
EStG	=	Einkommensteuergesetz
EStR	=	Einkommensteuer-Richtlinien
Fa.	=	Firma
GWG	=	Geringwertige Wirtschaftsgüter
GuV	=	Gewinn- und Verlustrechnung
HG	=	Handelsbilanz
HGB	=	Handelsgesetzbuch
ND	=	Nutzungsdauer
n.n.v.V.	=	noch nicht vorrechenbare Vorsteuer
PB	=	Prüferbilanz
p.r.t.	=	pro rata temporis
S.	=	Satz
StAnpG	=	Steueranpassungsgesetz
StB	=	Steuerbilanz
USt	=	Umsatzsteuer
UStG	=	Umsatzsteuergesetz
UStVK	=	Umsatzsteuerverrechnungskonto
TW	=	Teilwert
Tz.	=	Textziffer
WA	=	Warenabgang
WBA	=	Warenbestand Anfang
WBE	=	Warenbestand Ende
WE	=	Wareneinsatz
WG	=	Wirtschaftsgut
Wj	=	Wirtschaftsjahr
WZ	=	Warenzugang

A. Einführung

I. Zum Begriff Mehr- und Wenigerrechnung

Die "Mehr- und Wenigerrechnung" geht darauf zurück, daß Geschäftsvorfälle einer Firma von deren Steuerberater oder von der Betriebsprüfung (Bp) steuerrechtlich verschieden beurteilt werden, wodurch sich ein oder mehrere Bilanzposten und evtl. auch einige GuV-Posten ändern. Die Auswirkungen dieser Änderungen auf den Gewinn (oder Verlust) werden mit Hilfe der "Mehr- und Wenigerrechnung" ermittelt.

In der Praxis werden im allgemeinen zwei Methoden angewandt:
a) die sog. *Bilanzmethode*. Hierbei werden die Änderungen der einzelnen Bilanzposten auf die Auswirkung auf den Gewinn überprüft;

b) die sog. *GuV-Methode*, nach der die gleichen Prüfungen anhand von Änderungen auf GuV-Posten vorgenommen werden.

Ausgangspunkt für die oben erwähnten Änderungen ist in der Regel,

a) daß ein Ansatz in der Bilanz falsch ist und berichtigt werden muß (Bilanzberichtigung) oder

b) daß die Firma auf einen anderen, gesetzlich ebenfalls zugelassenen Ansatz in der Bilanz übergehen will (Bilanzänderung).

Diese beiden Rechtsbegriffe werden anschließend dargelegt.

II. Bilanzberichtigung

Sind die Buchungen der Firma und damit die auf den Buchungen beruhenden Bilanzansätze falsch, müssen die falschen Bilanzansätze berichtigt werden (Bilanzberichtigung). Die Zustimmung des Finanzamts ist hierzu nicht erforderlich.

Nach Abschn. 15 Abs. 1 S. 2 EStR ist ein Ansatz falsch, wenn er unzulässig ist. Dies ist der Fall, wenn der Ansatz gegen zwingende Vorschriften des Einkommensteuerrechts oder des Handelsrechts oder gegen die einkommensteuerrechtlich zu beachtenden handelsrechtlichen Grundsätze ordnungsmäßiger Buchführung verstößt.

Voraussetzung für eine Bilanzberichtigung ist somit einmal ein Verstoß gegen steuerlich zu beachtende Bilanzierungs- oder (und) Bewertungsvorschriften.

Ein Verstoß gegen steuerlich zu beachtende Bilanzierungsvorschriften ist z.B. gegeben, wenn ein zum notwendigen Betriebsvermögen gehörendes WG nicht bilanziert worden ist.

Verstöße gegen die Bewertungsvorschriften sind bei der Ermittlung der Anschaffungs- oder Herstellungskosten oder des Teilwerts denkbar; ferner bei der Bemessung der AfA oder der Berechnung der Rückstellung.

Zum andern ist Voraussetzung für eine Bilanzberichtigung, daß das mit einem falschen Ansatz bilanzierte WG noch zum Betriebsvermögen gehört.

Sofern der Fehler rechtzeitig, nämlich in der "Fehlerbilanz" entdeckt wird, ergeben sich für die Bilanzberichtigung keine Schwierigkeiten. Wird dagegen der Fehler erst (einige Jahre) später entdeckt, kommt nach dem Grundsatzbeschluß des Großen Senats vom 29.11.1965 (Gr. S. 1/65, BStBl. 1966 III S. 142) "eine Rückwärtsberichtigung fehlerhafter Betriebsvermögen im Sinne des § 4 Abs. 1 S. 1 EStG nur in Betracht, wenn das fehlerhafte Betriebsvermögen einer Veranlagung noch nicht zugrunde gelegen hat, oder wenn die auf ihm beruhende Veranlagung nach allgemeinen Grundsätzen berichtigt oder geändert werden kann."

Nach der Bestandkraft der Veranlagung ist eine Bilanzberichtigung nur insoweit möglich, als die Veranlagung nach den Vorschriften der AO, insbesondere nach § 173 oder § 164 Abs. 2 AO noch geändert werden kann oder die Bilanzberichtigung sich auf die Höhe der veranlagten Steuer nicht auswirken würde (Abschn. 15 Abs. 1 S. 3 EStR). Eine Berichtigung eines unrichtigen Bilanzansatzes in der Anfangsbilanz ist demnach nicht zulässig, wenn diese Bilanz der Veranlagung eines früheren Jahres als Schlußbilanz zugrunde gelegen hat, die nach den Vorschriften der AO nicht mehr geändert werden kann, oder wenn der sich bei Änderung dieser Veranlagung ergebende höhere Steueranspruch wegen Ablauf der Festsetzungsfrist erloschen wäre (Abschn. 15 Abs. 1 S. 4 EStR). Soweit eine Berichtigung der "Fehlerbilanz" nicht möglich ist, ist der falsche Bilanzansatz grundsätzlich in

Bilanzberichtigung 11

der Schlußbilanz des ersten Jahres, dessen Veranlagung geändert werden kann, <u>erfolgswirksam</u> richtig zu stellen (Abschn. 15 Abs. 1 S. 5 EStR).

Aus der Rechtsprechung des BFH ist zu schließen, daß der Bilanzenzusammenhang Priorität besitzt. Das bedeutet, daß wenn eine Schlußbilanz einer Veranlagung zugrunde lag, die nach den Vorschriften der AO nicht mehr geändert werden kann, auch die Anfangsbilanz des folgenden Jahres nicht berichtigt werden darf. Berichtigt werden darf erst die Schlußbilanz des ersten Jahres, dessen Veranlagung geändert werden kann.

Um den Bilanzansatz in der Bilanz richtig zu stellen, muß zunächst festgestellt werden, ob er überhaupt noch falsch ist. Zu diesem Zweck muß der "falsche Bilanzansatz" bis zur Fehlerquelle verfolgt und gedanklich richtig gestellt werden. Der so ermittelte richtige Bilanzansatz wird in der Schlußbilanz des ersten Jahres, dessen Veranlagung geändert werden kann, als der richtige Bilanzansatz eingestellt. Hat sich der Unterschiedsbetrag zwischen dem falschen und dem richtigen Bilanzansatz in den früheren Jahren auf den Gewinn (Verlust) ausgewirkt, so ist die Bilanzberichtigung erfolgswirksam durchzuführen. Hat sich der falsche Bilanzansatz in den früheren Jahren dagegen nicht auf den Gewinn (Verlust) ausgewirkt, so hat die Bilanzberichtigung erfolgsneutral zu erfolgen; d.h., es ist in jedem Fall ein Eingriff auf die Ursachen der Unrichtigkeit notwendig.

Wie sich aus Abschn. 15 EStR ferner ergibt, ist eine Bilanzberichtigung im Fehlerjahr auch dann möglich, wenn sie sich auf die Höhe der bestandskräftig veranlagten Steuer nicht auswirken würde, selbst wenn sich durch diese Bilanzberichtigung der Gewinn des betreffenden Jahres ändert.

<u>Beispiele:</u>
a) Firma X hat in 00 ein Gebäude errichtet und es in 10 Jahren abgeschrieben. Anläßlich einer im Jahre 18 durchgeführten Bp - geprüft wurden die nach § 164 AO unter dem Vorbehalt der Nachprüfung veranlagten Jahre 15 - 17 - wurde festgestellt, daß es sich bei dem Gebäude um ein massives Bauwerk handelt, dessen ND nach einem eingeholten Gutachten über 50 Jahre beträgt. Es soll unterstellt werden, daß keiSteuerhinterziehung (§§ 370, 169 AO) gegeben ist.

Lösung: Es liegt ein Verstoß gegen steuerlich zu beachtende Bewertungsvorschriften vor. Die falsche Bemessung der AfA von 10 % (statt einer AfA nach § 7 Abs. 4 oder 5 EStG alter und neuer (1985) Fassung) führt in der Bilanz zum 31.12.00 und in den folgenden Jahren zu einem falschen Bilanzansatz. Eine Rückwärtsberichtigung bis zur Fehlerquelle ist nicht möglich, da die Veranlagung 00 nach den Vorschriften der AO nicht mehr berichtigt werden kann und außerdem der sich durch die Berichtigung ergebende höhere Steueranspruch wegen Verjährung erloschen wäre. Die Berichtigung hat jedoch spätestens in der Bilanz zum 31.12.15 zu erfolgen, wenn der Ansatz in dieser Schlußbilanz noch falsch ist. Diese Voraussetzung ist in diesem Beispiel erfüllt, da bei richtiger (zulässiger) zeitanteiliger Abschreibung das Gebäude selbst nach § 7 Abs. 4 oder 5, 42 Abs. 8 EStG 1985 noch nicht voll abgeschrieben ist. Der Bilanzansatz "Gebäude" ist daher in der Bilanz zum 31.12.15 um die Herstellungskosten abzüglich der zeitanteiligen AfA für die Jahre 00 - 15 zu erhöhen (richtig zu stellen).

b) Firma H hat ein im Jahre 00 für 100.000 DM errichtetes und mit jährlich 10 % abgeschriebenes Gebäude im Jahre 09 zusammen mit dem Grund und Boden zum Buchwert entnommen.

Die ND des Gebäudes soll über 50 Jahre betragen. Ferner soll unterstellt werden, daß die der Veranlagung des Jahres 09 und den früheren Jahren zugrunde liegenden Bilanzen nach den Vorschriften der AO nicht mehr berichtigt werden können. Die erste berichtigungsfähige Bilanz soll die zum 31.12.10 sein.

Lösung: Auch hier ist das "Gebäude" in der Schlußbilanz zum 31.12.00 und in den folgenden Jahren wegen zu hoher AfA falsch bewertet. Eine Berichtigung der Bilanz, in der der Ansatz erstmals falsch ausgewiesen wurde (31.12.00; Fehlerquelle), ist nach den Ausführungen unter a) nicht zulässig. In der Schlußbilanz des ersten Jahres, dessen Veranlagung geändert werden kann (31.12.10), ist aber der Bilanzposten "Gebäude" nicht mehr falsch, weil das seit 00 falsch bilanzierte WG in 09 durch Entnahme aus dem Betriebsvermögen ausgeschieden ist.

Aus dieser Tatsache und aus den daraus zu ziehenden rechtlichen Folgerungen, wonach die Bilanz zum 31.12.09 nicht

Bilanzberichtigung

mehr berichtigt werden kann, ergibt sich ferner, daß die in O9 zum Buchwert und nicht zum Teilwert erfolgte Entnahme zwar einen Verstoß gegen steuerlich zu beachtende Bewertungsvorschriften (§ 6 Abs. 1 Nr. 4 EStG) darstellt, eine Berichtigung dieses Falles aber nicht mehr möglich ist, weil das Jahr der Entnahme des WG nicht berichtigt werden kann.

Ergeben sich aus einer Bilanzberichtigung eines Jahres weitere Bilanzberichtigungen in den folgenden Jahren, so können die Veranlagungen der Folgejahre nach § 175 Nr. 2 AO berichtigt werden (vgl. BFH-Urt. vom 27.6.1968, BStBl. 1968 II S. 583 und vom 21.8.1962, BStBl. 1962 III S. 501).

Von dem Grundsatz, daß der Bilanzzusammenhang nicht durch die Berichtigung der Anfangsbilanz (ohne gleichzeitige entsprechende Berichtigung der Schlußbilanz des vorangegangenen Jahres) durchbrochen werden darf, läßt die Rechtsprechung einige Ausnahmen zu:

a) wenn sich, wie schon ausgeführt wurde, die Bilanzberichtigung auf die Höhe der veranlagten Steuer nicht auswirken würde. So hat sich ein Fehler steuerlich nicht ausgewirkt, wenn das WG auch bei richtiger Bilanzierung mit einem unveränderten Wertansatz zu Buch gestanden hätte (z.B. Grund und Boden), oder wenn im Fehlerjahr eine Freiveranlagung (z.B. wegen Ausweises eines Verlustes) durchgeführt wurde (BFH-Urt. vom 7.5.1968, BStBl. 1969 II S. 464);

b) wenn der Steuerpflichtige zur Erlangung beachtlicher ungerechtfertigter Steuervorteile bewußt einen Aktivposten zu hoch oder einen Passivposten zu niedrig angesetzt hat, ohne daß die Möglichkeit besteht, die Veranlagung des Jahres zu berichtigen, bei der sich der unrichtige Bilanzansatz ausgewirkt hat (Abschn. 15 Abs. 1 S. 8 EStR);

c) wenn die Eröffnungsbilanz Fehler aufweist, da in diesem Falle der Grundsatz des Bilanzzusammenhangs nicht zum Tragen kommt.

Wichtig:

a) Die Berichtigung der Steuerbilanz setzt keine Berichtigung der Handelsbilanz voraus.

b) Zur Berichtigung der Bilanz bedarf es keiner Zustimmung des Finanzamts.

III. Bilanzänderung

Sind steuerrechtlich, in den Fällen des § 5 EStG auch handelsrechtlich, verschiedene Ansätze für die Bewertung eines WG zulässig, so steht dem Steuerpflichtigen zwischen mehreren Wertansätzen ein *Wahlrecht* zu. Er trifft seine Entscheidung für den einen oder anderen zulässigen Wertansatz durch die Einreichung der Steuererklärung und damit auch der Bilanz beim Finanzamt (Abschn. 15 Abs. 2 S. 1 EStR). Eine danach getroffene Entscheidung zugunsten eines anderen zulässigen Wertansatzes ist eine Bilanzänderung i.S. des § 4 Abs. 2 S. 2 EStG (Abschn. 15 Abs. 2 S. 2 EStR).

Für eine rechtswirksame Bilanzänderung müssen folgende Voraussetzungen erfüllt sein:

a) Vor der Änderung der Steuerbilanz muß die Handelsbilanz geändert werden (Grundsatz der Maßgeblichkeit der Handelsbilanz für die Steuerbilanz). Eine Änderung der Handelsbilanz entfällt ausnahmsweise, wenn ein steuerliches Bilanzierungswahlrecht in der Handelsbilanz nicht berücksichtigt zu werden braucht (z.B. Abschn. 228 Abs. 5 EStR). Andererseits kann ein handelsrechtlich bestehendes Wahlrecht durch zwingende steuerrechtliche Vorschriften (z.B. durch die Bewertungsnormen der §§ 6 und 7 EStG) zu einer Einengung des § 4 Abs. 2 S. 2 EStG führen.

b) Vor Bestandskraft der Veranlagung (des Bescheides) muß beim Finanzamt ein Antrag auf Zustimmung zur Bilanzänderung vorliegen (§ 4 Abs. 2 S. 2 EStG; Abschn. 15 Abs. 2 S. 4 EStR). Bei einer Veranlagung nach § 164 AO ist der Antrag zulässig, solange der Vorbehalt wirksam ist (Abschn. 15 Abs. 2 S. 5 EStR).

c) Das Begehren des Steuerpflichtigen nach einer Bilanzänderung muß wirtschaftlich begründet sein (Abschn. 15 Abs. 2 S. 6 EStR). Diese Voraussetzung liegt im allgemeinen vor, wenn der Gewinn (z.B. durch eine Bp) gegenüber der Erklärung bei der Veranlagung wesentlich erhöht wird (Abschn. 15 Abs. 2 S. 7 EStR). Der Antrag auf Bilanzänderung mit dem Ziele, einen Geschäftsvorgang rückgängig zu machen, ist unzulässig.

Das Finanzamt hat über den Antrag nach pflichtgemäßem Ermessen zu entscheiden. Es hat die Zustimmung zu versagen, wenn die Bilanzänderung einen Verstoß gegen den Grundsatz von Treu und Glauben beinhaltet (wie bei einem widersprüchlichen Verhalten oder bei Verwirkung des Antrages; Rader in BB 1975, S. 414).

Sowohl für die Bilanzberichtigung als auch für die Bilanzänderung gilt als Bilanzansatz der Wertansatz für *jedes einzelnen bewertungsfähige WG*. Auf die Zusammenfassung mehrerer WG in einem Bilanzposten kommt es also nicht an (Abschn. 15 Abs. 3 EStR).

In Teil B dieser Arbeit wird nun in den ersten drei Abschnitten die "Mehr- und Wenigerrechnung" nach den beiden gängigen Methoden ausführlich dargestellt und die danach gewonnenen Kenntnisse an einer Übungsarbeit in Teil C überprüft.

B. Darstellung der Mehr- und Wenigerrechnung

Erster Abschnitt: Darstellung eines Wirtschaftsjahres

I. Auswirkungen von Geschäftsvorfällen auf den Gewinn

Fall 1:

Firma X hat im Jahre 01 von der Firma V ein unbebautes Grundstück für 46.000 DM gekauft und den Kaufpreis noch im Jahre 01 nach Eintragung des Eigentumsübergangs im Grundbuch überwiesen.

Die angefallene Grunderwerbsteuer von 3.220 DM und die Vermittlungsprovision von 780 DM wurde ebenfalls im Jahre 01 überwiesen. Das Grundstück wird ausschließlich betrieblich genutzt.

V hat vom Optionsrecht des § 9 UStG keinen Gebrauch gemacht und deshalb in der Rechnung keine Umsatzsteuer (USt) ausgewiesen.

Lösung:

Allgemeine Darstellungen

Nach § 4 Abs. 1 S. 1 EStG errechnet sich der Gewinn wie folgt:

    Betriebsvermögen (BV) am Schluß des Wirtschaftsjahres (Wj)
./. Betriebsvermögen (BV) am Anfang des Wj (= BV am Schluß des vorangegangenen Wj - Bilanzzusammenhang)
  + Entnahmen
./. Einlagen

Daraus folgt:

Jede Erhöhung des BV am Schluß des Wj und jede Verminderung des BV am Anfang des Wj führt - isoliert betrachtet - zu einer
Gewinnerhöhung oder Verlustminderung,
jede Verminderung des BV am Schluß des Wj und jede Erhöhung des BV am Anfang des Wj führt - wiederum isoliert betrachtet - zu einer
Gewinnminderung oder Verlusterhöhung.

Entnahmen von WG vermindern das BV am Schluß des Wj. Damit aber der Buchwert des entnommenen WG das Ergebnis (Gewinn oder Verlust) des Wj nicht beeinflußt, werden die Entnahmen - allerdings grundsätzlich mit dem Teilwert (TW) des entnommenen WG (§ 6 Abs. 1 Nr. 4 EStG) dem Unterschiedsbetrag zwischen BV Ende und BV Anfang hinzugezählt. In Höhe des Unterschiedsbetrages zwischen dem TW und dem Buchwert des entnommenen WG kann sich daher das Ergebnis ändern.

Umgekehrt ist die Wirkung bei *Einlagen* von WG. Diese erhöhen das BV Ende und damit den Gewinn (bzw. vermindern den Verlust). Damit sich dieser Vorgang erfolgswirksam auswirkt, müssen die Einlagen - auch sie sind grundsätzlich mit dem TW anzusetzen (§ 6 Abs. 1 Nr. 5 EStG) - vom Unterschiedsbetrag zwischen BV Ende und BV Anfang abgezogen werden.

Zum Fall 1:

Bei dem Grundstück handelt es sich um ein notwendiges BV. Es ist mit den Anschaffungskosten zu aktivieren. Zu den Anschaffungskosten gehören neben dem Kaufpreis die beim Erwerb angefallenen Erwerbsneben- (Einzel-)Kosten (Grunderwerbsteuer und Vermittlungsprovision).

Es ist zu buchen:

01: Grund und Boden 46.000
    3.220   an Bank   50.000
    780

Betrachtet man die Soll- und die Habenbuchung getrennt, so wirkt sich die obige Buchung auf das Ergebnis des Wj 01 wie folgt aus:

	Änderung am Bilanzstichtag	Gewinnauswirkung
Durch die Sollbuchung auf dem Konto "Grund und Boden" erhöht sich der auf diesem Konto ausgewiesene Betrag (Saldo) und damit auch die entsprechende Bilanzposition um 50.000 DM. Änderung also	+ 50.000	

Ein Wirtschaftsjahr

	Änderung am Bilanzstichtag	Gewinnauswirkung
Durch die Habenbuchung "an Bank" vermindert sich der Saldo auf dem Konto "Bank" bei einem Guthaben von mehr als 50.000 DM um 50.000 DM und damit auch die betreffende Bilanzposition. Änderung also	− 50.000	
Weist das Konto "Bank" vor diesem Geschäftsvorfall ein Guthaben (Saldo) von weniger als 50.000 DM oder eine Schuld aus, so führt die Habenbuchung im ersteren Falle zu einer Schuld, im letzteren Falle zu einer Erhöhung der Schuld um 50.000 DM. Im letzteren Falle führt dieser Geschäftsvorgang auf der Bilanzposition "Bank" zu einer Änderung von	+ 50.000	

<u>Gewinnauswirkung bei getrennter Betrachtung jeder Soll- und Habenbuchung.</u>

Die Erhöhung der Bilanzposition "Grund und Boden" (= Erhöhung eines Aktivpostens) führt zu einer Erhöhung des BV Ende. Da dieser Vorgang - isoliert betrachtet - in 01 das BV Anfang, die Entnahmen und Einlagen nicht ändert, erhöht er nach der Formel:
  BV Ende
./. BV Anfang
 + Entnahmen
./. Einlagen
 = Gewinn
den Gewinn um   + 50.000

Darstellung der Mehr- und Wenigerrechnung

	Änderung am Bilanzstichtag	Gewinnauswirkung

Übertrag: Gewinnauswirkung "Grund und Boden"   + 50.000

Die Verminderung der Bilanzposition "Bank" bei bestehendem Guthaben bzw. die Erhöhung dieses Bilanzpostens bei vorhandener Schuld hat eine Verminderung des BV Ende und nach dem oben Dargelegten eine Gewinnminderung zur Folge, also   - 50.000

Ergebnis des Falles 1: Gewinnauswirkung =   Ø

Das BV Ende ändert sich durch dieses Rechtsgeschäft nicht. Es liegt eine *Vermögensumschichtung* vor.

<u>Fall 2:</u>

Wie Fall 1,
aber: Die Kaufpreisschuld und die Erwerbsnebenkosten wurden erst im Jahre 02 überwiesen.

Lösung:

<u>Richtige Buchungen:</u>

01: Grund und Boden   50.000 an Sonstige
                                     Verbindlichkeiten 50.000
02: Sonstige
     Verbindlichkeiten 50.000 an Bank   50.000

Die bisherigen Darlegungen führen zu nachstehendem Ergebnis:

Änderungen von Bilanzposten in 01 (nur das Jahr 01 soll geprüft werden):

	Änderung am Bilanzstichtag	Gewinnauswirkung
Grund und Boden: Erhöhung um 50.000 DM (wie im Fall 1)	+ 50.000	
Sonstige Verbindlichkeiten: Erhöhung um 50.000 DM	+ 50.000	

Gewinnauswirkung bei getrennter Betrachtung jeder Soll- und Habenbuchung in 01:

Grund und Boden: Erhöhung des BV Ende (vgl. Fall 1)		+ 50.000
Sonstige Verbindlichkeiten: Die Erhöhung dieses Schuld- (Passiv-) postens vermindert das BV Ende und hat nach den Ausführungen zu Fall 1 eine Gewinnminderung zur Folge, also		− 50.000
Ergebnis des Falles 2: Gewinnauswirkung in 01		∅

Auch im Fall 2 ändert sich das BV Ende durch das Rechtsgeschäft nicht, da im Jahr 01 (und auch im Jahr 02) ebenfalls eine Vermögensumschichtung vorliegt.

Fall 3:

Der Inhaber der Firma X hat das unbebaute Grundstück im Jahr 01 mit privaten Mitteln für 46.000 DM gekauft. Ebenso wurden die Erwerbsnebenkosten (Grunderwerbsteuer von 3.220 DM und Vermittlungsprovision von 780 DM) privat (bar) bezahlt.

Wie im Fall 1 und 2 wurde das Grundstück sofort nach dem Erwerb ausschließlich betrieblich genutzt.

22 Darstellung der Mehr- und Wenigerrechnung

Lösung: Nach Abschn. 14 Abs. 1 S. 1 EStR gehört das Grundstück zum notwendigen Betriebsvermögen.

Richtige Buchung:

01: Grund und Boden   50.000   an Einlage   50.000

Änderung von Bilanzposten in 01

	Änderung am Bilanzstichtag	Gewinnauswirkung
Grund und Boden: Erhöhung um 50.000 (vgl. Fall 1)	+ 50.000	
Einlagen: Erhöhung um 50.000 DM	+ 50.000	

Gewinnauswirkung bei getrennter Betrachtung jeder Soll- und Habenbuchung

Grund und Boden: Erhöhung des BV Ende (vgl. Fall 1)	+ 50.000
Einlagen: Durch das Einlegen des WG wurde das BV Ende und das Eigenkapital um den (Teil-)Wert (hier: = Anschaffungskosten) dieses eingebrachten WG erhöht. Um eine Gewinnrealisierung auszuschließen, werden nach § 5 i.V. mit § 4 Abs. 1 S. 1 EStG die Entnahmen hinzugezählt und die Einlagen abgezogen.	
Hier: Einlage, daher	– 50.000
Ergebnis des Falles 3: Gewinnauswirkung	Ø

In den Fällen 1 - 3 führte der Geschäftsvorfall zur einzigen Buchung auf dem Konto "Grund und Boden". Die Sollbuchung auf diesem Konto änderte (erhöhte) den Bilanzposten

"Grund und Boden" oder "unbebaute Grundstücke" um denselben Betrag. Eine derartige Übereinstimmung stellt jedoch den Ausnahmefall dar. Im allgemeinen werden auf den Konten bis zum Jahresende mehrere Buchungen vorgenommen, mit der Folge, daß dann nicht die einzelne Buchung, sondern der Saldo der Buchungen der Änderung des betreffenden Bilanz- oder GuV-Postens entspricht. Und nur diese, am Ende eines Wj vorhandenen Änderungen (Salden) interessieren in diesem Zusammenhang, da sie Aufschluß über die Auswirkung auf den Gewinn geben.

Fall 4:

Firma X hat am 1.4.01 von der Firma V ein Grundstück mit aufstehendem (vor 12 Jahren errichteten) Gebäude (einschließlich Erwerbsnebenkosten) für 200.000 DM erworben und es in 01 bezahlt.

Von dem Betrag entfallen auf:
 Grund und Boden   80.000 DM
 Gebäude   120.000 DM
                    200.000 DM

Grund und Boden und Gebäude werden ausschließlich betrieblich genutzt.

Die Nutzungsdauer des Gebäudes beträgt 25 Jahre.

Das Bankkonto weist auch nach dieser Überweisung ein Guthaben auf.

Lösung: Nach Abschn. 14 Abs. 1 S. 1 EStR gehören Grund und Boden und Gebäude zum notwendigen Betriebsvermögen. Sie sind mit den Anschaffungskosten zu aktivieren.

Die AfA kann im Jahr 01 nur mit dem auf das Wj 01 entfallenden Absetzungsbetrag vorgenommen werden (pro rata temporis = (p.r.t.) - §§ 7 Abs. 1 S. 1 u. 2, Abs. 4 S. 2 EStG; Abschn. 42 Abs. 2 S. 7 EStR).

Richtige Buchungen:

01: Grund und Boden   80.000   an Bank   200.000
    Gebäude   120.000
    AfA (4 % für
    9 Monate)   3.600   an Gebäude   3.600

Darstellung der Mehr- und Wenigerrechnung

Änderungen von Bilanzposten in 01:

	Änderung am Bilanzstichtag	Gewinnauswirkung
Grund und Boden: Erhöhung um 80.000 (vgl. Fall 1)		+ 80.000
Gebäude: Erhöhung um die Anschaffungskosten von 120.000 Verminderung um die AfA ./. 3.600 Erhöhung (saldiert) 116.400		+ 116.400
Bank: Verminderung des Guthabens um 200.000 DM		- 200.000

Gewinnauswirkung bei getrennter Betrachtung jeder Soll- und Habenbuchung

Grund und Boden: Erhöhung des BV Ende (vgl. Fall 1)	+ 80.000
Gebäude: Erhöhung des BV Ende um den saldierten Betrag von 116.400	+ 116.400
Bank: Verminderung des BV Ende	- 200.000
Ergebnis des Falles 4: Gewinnauswirkung	- 3.600
	=========

Änderungen von GuV-Posten (= Posten der Gewinn- und Verlustrechnung)

AfA: Erhöhung des Aufwandspostens "AfA" um 3.600 DM   + 3.600

Gewinnauswirkung

Die Erhöhung eines Aufwandspostens (Sollbuchung) führt zu einer Gewinnminderung, hier also   - 3.600
=========

Fall 4 führt daher zu folgender Schlußfolgerung:

Sobald ein Geschäftsvorfall nicht nur Bilanzposten, sondern auch GuV-Posten ändert, ist der Vorgang erfolgswirksam. Es liegt dann nicht nur oder keine Vermögensumschichtung, sondern (auch) eine *Vermögensänderung* vor.

Vermögensänderungen beeinflussen den Gewinn, sind erfolgswirksam.

Die Gewinnbeeinflussung (Gewinnauswirkung) muß in der Bilanz und in der GuV-Rechnung die gleiche sein (im Fall 4: - 3.600).

Fall 5:

Firma X hat am 1.7.01 von der Firma V ein Grundstück mit aufstehendem, in 00 errichtetem Gebäude gekauft. Die Gesamtkosten (einschließlich der Erwerbsnebenkosten) betrugen 300.000 DM. Von diesem Betrag entfallen auf:

Grund und Boden	100.000 DM
Gebäude	200.000 DM
	300.000 DM

Die Aufwendungen wurden in 01 bezahlt und zwar:

200.000 DM mit betrieblichen Mitteln
(Banküberweisung; das Konto weist auch danach noch ein Guthaben auf),
100.000 DM mit privaten Mitteln.

Die der Firma X in Rechnung gestellten Hausaufwendungen von 10.000 DM (zuzüglich gesondert in Rechnung gestellte Umsatzsteuer (USt) von 800 DM) wurden vom Inhaber der Firma X (privat) bezahlt.

Grund und Boden und Gebäude wurden gleich nach dem Erwerb ausschließlich betrieblich genutzt.

Die Nutzungsdauer des Gebäudes beträgt ab Erwerb über 50 Jahre.

Lösung: Nach Agschn. 14 Abs. 1 EStR gehören Grund und Boden und Gebäude zum notwendigen Betriebsvermögen. Sie sind daher mit den Anschaffungskosten zu aktivieren.

Nach § 7 Abs. 4 S. 1 EStG beträgt die AfA 2 %. In 01 kann nur zeitanteilig abgeschrieben werden (p.r.t.; § 7 Abs. 1 S. 1 EStG; Abschn. 42 Abs. 2 S. 7 EStR).

Die Hausaufwendungen stellen Betriebsausgaben dar (§ 4 Abs. 4 EStG).

Richtige Buchungen:

01: Grund und Boden	100.000	an	Bank	200.000
Gebäude	200.000		Einlage	100.000
AfA (2 % für 6 Monate)	2.000	an	Gebäude	2.000
Hausaufwendungen	10.000			
Umsatzsteuerverrechnungskonto (UStVK - Vorsteuer)	800	an	Einlage	10.800

Änderungen von Bilanzposten in 01:

	Änderung am Bilanzstichtag	Gewinnauswirkung
Grund und Boden: Erhöhung um 100.000 (vgl. Fall 1)		+ 100.000
Gebäude: Erhöhung um die Anschaffungskosten von 200.000 Verminderung um die AfA ./. 2.000 Erhöhung (saldiert) 198.000		+ 198.000
Bank (bei Bankguthaben): Verminderung um 200.000 DM		- 200.000
UStVK (Vorsteuer): Bei Behandlung dieses Kontos als Schuldkonto: Verminderung der Schuld um 800 DM		- 800
Einlage: Erhöhung um 110.800		+ 110.800

Ein Wirtschaftsjahr 27

	Änderung am Bilanzstichtag	Gewinnauswirkung

Gewinnauswirkung bei getrennter Betrachtung jeder Soll- und Habenbuchung:

Grund und Boden: Erhöhung des BV
                 Ende (vgl. Fall 1)   + 100.000

Gebäude: Erhöhung des BV Ende um
        den saldierten Betrag von
        198.000   + 198.000

Bank: Verminderung des BV Ende   − 200.000

UStVK (Vorsteuer): Erhöhung des
                  BV Ende   +   800
                                           + 98.800

+ Entnahmen: −
− Einlagen: Erhöhung um 110.800 =   − 110.800
Ergebnis des Falles 5: Gewinnaus-
                  wirkung   − 12.000
                                     =========

Änderungen von GuV-Posten in 01:

AfA: Erhöhung eines Aufwandspostens
    um 2.000 DM   + 2.000

Hausaufwendungen: Erhöhung eines
    Aufwandspostens um 10.000 DM   + 10.000

Gewinnauswirkung lt. GuV

Wiederholung: Die Erhöhung eines
Aufwandspostens vermindert den
Gewinn.

AfA: Erhöhung um 2.000 DM =   − 2.000

Hausaufwendungen: Erhöhung um
    10.000 DM   − 10.000
Ergebnis des Falles 5 lt. GuV:
Gewinnauswirkung   − 12.000
                                 =========

II. Ergebnis dieser Darstellung

Anhand der Fälle 1 - 5 können folgende Grundsätze aufgestellt werden:

Änderungen am Bilanzstichtag

Bilanz

Buchungen im Laufe eines Wj sind im Zusammenhang mit der Mehr- und Wenigerrechnung nur insoweit von Bedeutung, als sie sich am Bilanzstichtag auf den Saldo (den Stand) von Bilanz- oder GuV-Posten auswirken.

Waren auf einem Konto mehrere Vorfälle zu buchen, so interessiert nur der Saldo der Buchungen am Bilanzstichtag.

Handelt es sich um einen Soll-Saldo auf einem Aktivposten-Konto oder um einen Haben-Saldo auf einem Passivposten-Konto, so erhöht sich der betreffende Bilanzposten (Änderung = +). Führen die Buchungen zu einem Haben-Saldo auf einem Aktivposten-Konto oder zu einem Soll-Saldo auf einem Passivposten-Konto, so hat dies eine Verminderung des Bilanzpostens zur Folge (Änderung = ./.).

Gewinn- und Verlustrechnung (GuV)

Jede Sollbuchung auf einem Aufwandskonto und jede Habenbuchung auf einem Ertragskonto hat eine Erhöhung des betreffenden Kontos (Änderung = +), jede Habenbuchung auf einem Aufwandskonto und jede Sollbuchung auf einem Ertragskonto eine Verminderung (Änderung = ./.) zur Folge.

Gewinnauswirkung

Bilanz

Ein Sollsaldo (Erhöhung eines Aktivpostens; Änderung = +, bzw. Verminderung eines Passivpostens; Änderung = ./.) führt zu einer *Gewinnerhöhung*.

Ein Habensaldo (Verminderung eines Aktivpostens; Änderung = ./., bzw. Erhöhung eines Passivpostens; Änderung = +) führt zu einer *Gewinnminderung*.

Ein Vergleich der "Änderungen" mit der "Gewinnauswirkung" anhand der obigen Darstellung zeigt, daß bei den Aktivposten eine Erhöhung eine Gewinnerhöhung zur Folge hat (+ - Änderung = (+) - Gewinn), während die Erhöhung eines Passivpostens eine Gewinnminderung (Verlust) nach sich zieht (+ - Änderung = ./. - Gewinn oder Verlust).

GuV

Jede Sollbuchung (Erhöhung eines Aufwandspostens; Änderung = +, bzw. Verminderung eines Ertragspostens; Änderung = ./.) führt zu einer *Gewinnminderung*.

Jede Habenbuchung (Verminderung eines Aufwandspostens; Änderung = ./., bzw. Erhöhung eines Ertragspostens; Änderung = +) führt zu einer *Gewinnerhöhung*.

In der GuV-Rechnung wird durch die Erhöhung oder Entstehung eines Aufwands eine Gewinnminderung herbeigeführt (+ - Änderung = ./. - Gewinn). Andererseits folgt aus der Erhöhung oder Entstehung eines Ertrags oder Erlöses eine Gewinnerhöhung (+ - Änderung = (+) - Gewinn).

Das Verhältnis von "Änderungen" zur "Gewinnauswirkung" ist bei GuV-Posten umgekehrt wie bei Bilanzposten.

Zweiter Abschnitt: Darstellung über drei Wirtschaftsjahre

I. Auswirkungen von Geschäftsvorfällen auf den Gewinn der folgenden Wirtschaftsjahre

Die bisherigen Darstellungen betrafen nur ein Jahr. Bei der Prüfung der Gewinnauswirkung eines Geschäftsvorfalles auf mehrere Jahre (z.B. die Jahre 01 - 03) ist folgendes zu beachten:

Bilanz

Im Handels- und Steuerrecht gilt der Grundsatz des Bilanzzusammenhangs. Das bedeutet: Die Ansätze in der Schlußbilanz und in der Anfangsbilanz des folgenden Wj müssen gleich sein (Bilanzenzusammenhang). Daraus folgt, daß auch das BV Ende dem BV Anfang des folgenden Wj entsprechen muß (zur Durchbrechung des Bilanzzusammenhangs S. 13 und Abschn. 15 Abs. 1 S. 8 EStR).

Aus der Gewinnermittlung nach § 4 Abs. 1 S. 1 EStG bzw. § 5 EStG:

```
      BV Ende        ..............
  ./. BV Anfang      ..............

   +  Entnahmen      ..............
  ./. Einlagen       ..............
   =  Gewinn         ==============
```

ergibt sich, daß jede auf der Erhöhung des BV Ende beruhende Gewinnerhöhung zu einer Erhöhung des BV Anfang des folgenden Wj und in diesem Wj zu einer Gewinnminderung führt. Entnahmen und Einlagen haben auf das Ergebnis des folgenden Wj keinen Einfluß. Sie wirken sich nur im Jahr der Entnahme und Einlage aus.

GuV

Die in der GuV-Rechnung ausgewiesenen *Aufwendungen und Erträge* beeinflussen nur den Erfolg des betreffenden Wj und wirken sich - wie die Entnahmen und Einlagen - auf das Ergebnis der *folgenden* Wj *nicht* aus.

Will oder muß man (nach handels- bzw. steuerrechtlichen Bewertungsgrundsätzen) Aufwendungen auf mehrere Jahre verteilen, so ist der Aufwand (z.B. beim Anlagevermögen als WG) zu aktivieren und der auf die einzelnen Wj entfallende Aufwand (z.B. die AfA) abzubuchen. In diesen Fällen erscheint nur dieser abgebuchte Aufwand in der GuV-Rechnung. Entsprechendes gilt für Erlöse.

Die *folgenden Fälle* sollen zeigen, wie sich Vermögensumschichtungen und Vermögensänderungen im Jahre 01 auf die Jahre 02 und 03 aufwirken.

Fall 6:

Firma X hat am 1.4.01 von der Firma V. ein Grundstück mit aufstehendem Gebäude (einschließlich der Erwerbsnebenkosten) für 200.000 DM gekauft und in 01 durch Banküberweisung bezahlt. V. hat vom Optionsrecht des § 9 UStG keinen Gebrauch gemacht und deshalb in der Rechnung keine USt ausgewiesen.

Von dem Kaufpreis entfällt auf:

  Grund und Boden 80.000 DM
  Gebäude   120.000 DM
          200.000 DM

Das Gebäude wurde von V. vor 15 Jahren errichtet. Die Nutzungsdauer beträgt im Zeitpunkt des Erwerbs (1.4.01) mehr als 50 Jahre.

Das Bankkonto weist auch nach der Überweisung ein Guthaben auf.

Grund und Boden und Gebäude werden vom Zeitpunkt des Erwerbs an ausschließlich betrieblich genutzt.

Das Wj entspricht dem Kalenderjahr.

Lösung: Nach Abschn. 14 Abs. 1 S. 1 EStR gehören Grund und Boden und Gebäude zum *notwendigen Betriebsvermögen*. Beide WG müssen mit den Anschaffungskosten aktiviert werden.

Bei einer Nutzungsdauer von mehr als 50 Jahren richtet sich die AfA nach § 7 Abs. 4 S. 1 EStG (= 2 %; im Jahr der Anschaffung pro rata temporis).

Entwicklung des Kontos "Gebäude":

```
01: Zugang                              120.000
    AfA: 2 % von 120.000 DM für
         9 Monate                         1.800
    Stand 31.12.01
    (= Bilanzansatz)                   118.200

02: AfA 2 % von 120.000                  2.400
    Stand 31.12.02                     115.800

03: AfA 2 % von 120.000                  2.400
    Stand 31.12.03                     113.400
                                       ========
```

Richtige Buchungen:

```
01: Grund und Boden  (1)   80.000   an Bank      (1) 200.000
    Gebäude          (1)  120.000
    AfA              (2)    1.800   an Gebäude   (2)   1.800

02: AfA              (3)    2.400   an Gebäude   (3)   2.400

03: AfA              (4)    2.400   an Gebäude   (4)   2.400
```

Darstellung der Änderungen anhand von T-Konten (BV = Bilandvortrag):

```
               Grund und Boden              |              Gebäude
01:  1)  80.000     | Bil.   80.000    | 1)  120.000  | 2)     1.800
                                                      | Bil. 118.200

02:  BV  80.000     | Bil.   80.000    | BV  118.200  | 3)     2.400
                                                      | Bil. 115.800

03:  BV  80.000     | Bil.   80.000    | BV  115.800  | 4)     2.400
                                                      | Bil. 113.400
```

Änderung am Bilanzstichtag

```
01: +    80.000 ⎫ Erhöhung     + 118.200 ⎫ Erhöhung
02: +    80.000 ⎬ eines        + 115.800 ⎬ eines
03: +    80.000 ⎭ Aktivpostens + 113.400 ⎭ Aktivpostens
```

Drei Wirtschaftsjahre

	Bank		
01:	Bil. 200.000	1)	200.000
02:	Bil. 200.000	BV	200.000
03:	Bil. 200.000	BV	200.000

	AfA		
2)	1.800	GuV	1.800
3)	2.400	GuV	2.400
4)	2.400	GuV	2.400

Änderungen am Bilanzstichtag   in der GuV-Rechnung

Bank

01: - 200.000 ⎫
02: - 200.000 ⎬ bei Guthaben: Verminderung eines
03: - 200.000 ⎭ Aktivpostens

AfA

+ 1.800 ⎫
+ 2.400 ⎬ Erhöhung eines
+ 2.400 ⎭ Aufwandspostens

Die obigen Darlegungen führen bei der Überprüfung mehrerer Jahre zu folgendem Ergebnis:

Bilanzposten:

Grund und Boden

Der Erwerb in 01 führt in der Bilanz zum 31.12.01 zu einer Erhöhung des Aktivpostens "Grund und Boden" und auf Grund des Bilanzzusammenhangs zu einer Erhöhung des Anfangsbestands (Bilanzvortrag) des folgenden Wj um jeweils 80.000 DM. Da auf dem Konto "Grund und Boden" in den Jahren 02 und 03 keine Buchungen erfolgt sind und daher keine Änderungen eingetreten ist, werden die Endbestände der Jahre 02 und 03 über die Anfangsbestände erhöht.

Gebäude

Auch hier erhöht der Erwerb in 01 den Stand des Kontos "Gebäude" um die Anschaffungskosten von 120.000 DM und vermindert ihn um die AfA von 1.800 DM (Änderung: + 120.000 ./. 1.800 = 118.200). Dieser saldierte Betrag von 118.200 DM (= Änderung am Bilanzstichtag) erhöht den Aktivposten "Gebäude" in der Bilanz zum 31.12.01 und überträgt sich über den Anfangsbestand des folgenden Jahres (Bilanzzusammenhang) auf das Wj 02. In diesem Jahr wird der Kontostand um die Jahres-AfA (= 2.400 DM) vermindert. (Änderung = ./.). Der Bilanzansatz am 31.12.02 ergibt sich somit aus:

Anfangsbestand
./. Änderung (durch die AfA).

Dieser Vorgang wiederholt sich im Jahre 03.

Bank

Das zum "Grund und Boden" Dargelegte gilt entsprechend. Allerdings hat die Banküberweisung die Vermingerung eines Aktivpostens (Änderung = ./.) zur Folge.

<u>GuV-Posten</u>

> *Wiederholung*: Die Änderungen von Aufwendungen und Erträge wirken sich immer nur in dem Jahr aus, in dem sie anfallen.

<u>AfA</u>

Das Aufwandskonto erhöht sich daher in den einzelnen Jahren um die in dem betreffenden Jahr anfallende AfA (Änderung = +).

> *Merke*: Die Gewinnauswirkung sagt aus, wie Änderungen den Gewinn in der Bilanz und in der GuV beeinflussen. In der Bilanz ist sie das Ergebnis aus:
>
>   Änderung des BV Ende
> ./. Änderung des BV Anfang
> + Änderung der Entnahmen
> ./. Änderung der Einlagen

II. Gewinnermittlung nach der Bilanzmethode

Nachstehende Darstellung zeigt, wie sich die Änderungen nach der *sog. Bilanz-Methode* auf den Gewinn auswirken.

Drei Wirtschaftsjahre 35

	Bilanz	Änderungen			Gewinnauswirkung					
		01	02	03	+ 01 −	+ 02 −	+ 03 −

```
Grund und Boden
  BV Ende   + 80.000   + 80.000   + 80.000
- BV Anf.        -      + 80.000   + 80.000
              + 80.000      ø          ø      80.000                  ø              ø

Gebäude
  BV Ende   + 118.200  + 115.800  + 113.400
- BV Anf.        -     + 118.200  + 115.800
              + 118.200  - 2.400    - 2.400   118.200              2.400          2.400

Bank
  BV Ende   - 200.000  - 200.000  - 200.000
- BV Anf.        -     - 200.000  - 200.000
              - 200.000     ø          ø                200.000         ø              ø
                                                      198.200    200.000   - 2.400   - 2.400
                                                       - 1.800
```

Es wurde bereits an anderer Stelle (S. 23) ausgeführt, daß sich nur die am Ende eines Wj vorhandenen - gegebenenfalls saldierten - Änderungen auf den Gewinn auswirken können. Nur sie sind daher festzuhalten und auch erforderlich, um die Auswirkung eines Geschäftsvorfalles auf den Gewinn nach der Bilanz-Methode festzustellen.

Auch bei der Prüfung mehrerer Wj sind die im Prüfungszeitraum eingetretenen Änderungen nur insoweit zu erfassen, als sie am Ende eines Wj noch vorhanden sind.

In der folgenden Darstellung werden deshalb unter "Änderungen" nur die am Ende der geprüften Wj noch vorhandenen Änderungen festgehalten. Ihre Auswirkungen auf den Gewinn werden in der "Gewinnauswirkung" berücksichtigt.

Änderungen

Bilanz
(31.12.)   01   02   03   +   01   -   +   02   -   +   03   -

Grund und Boden
              + 80.000   + 80.000   + 80.000
Gebäude + 118.200   + 115.800   + 113.400
Bank   - 200.000   - 200.000   - 200.000

Gewinnauswirkung

Grund und Boden

Die Erhöhung des BV Ende (31.12.01)
führt zu einer *Gewinnerhöhung* von   80.000

Zugleich erhöht sich das BV Anfang des
folgenden Wj (1.1.02) um den gleichen
Betrag (Bilanzzusammenhang)
Folge: *Gewinnminderung* in 02   80.000

Die Erhöhung des BV Ende 02 um
80.000 DM führt zu einer *Gewinnerhöhung*
von   80.000

Die Erhöhung des BV Anfang 03 (1.1.03)
vermindert den Gewinn in 03 um   80.000

Die Erhöhung des BV Ende 03 um
80.000 DM führt zu einer *Gewinnerhöhung*
von   80.000

Gebäude

Für das Gebäude gelten die zum "Grund
und Boden" gemachten Ausführungen entsprechend. Daraus folgt

Erhöhung des BV Ende 01 um
118.200 = *Gewinnerhöhung* in 01   118.200
Erhöhung des BV Anfang 02 um
118.200 = *Gewinnminderung* in 02   118.200
Erhöhung des BV Ende 02 um
115.200 = *Gewinnerhöhung* in 02   115.200
Erhöhung des BV Anfang 03 um
115.200 = *Gewinnminderung* in 03   115.200
                                            ───
Übertrag: 198.200   195.200 198.200   80.000 195.200

Drei Wirtschaftsjahre 37

	Gewinnauswirkung					
	+ 01 -		+ 02 -		+ 03 -	
Übertrag	198.200		195.800	198.200	80.000	195.800
Erhöhung des BV Ende 03 um 113.400 DM = *Gewinnerhöhung* in 03					113.400	
Bank						
Verminderung des BV Ende 01, 02 und 03 = Gewinnminderung in allen Jahren um jeweils 200.000 DM		200.000		200.000		200.000
Verminderung des BV Anfang 02 und 03 um ebenfalls 200.000 DM (Bilanzzusammenhang) = *Gewinnerhöhung* in 02 und 03)			200.000		200.000	
	198.200	200.000	395.800	398.200	393.400	395.800
	- 1.800		- 2.400		- 2.400	

Zusammengefaßte Darstellung

Bilanz	Änderungen			Gewinnauswirkung				
	01	02	03	+ 01 -	+ 02 -		+ 03 -	
Grund und Boden	+ 80.000	+ 80.000	+ 80.000	80.000	80.000	80.000	80.000	80.000
Gebäude	+ 118.200	+ 115.800	+ 113.400	118.200	115.800	118.200	113.400	115.800
Bank	- 200.000	- 200.000	- 200.000	200.000	200.000	200.000	200.000	200.000
				198.200	395.800		393.400	
					200.000	398.200		395.800
				- 1.800	- 2.400		- 2.400	

Die Darstellung kann noch dadurch vereinfacht werden, daß in der "Gewinnauswirkung" lediglich der Saldo zwischen der Gewinnerhöhung (+) und der Gewinnminderung (./.) eingesetzt wird.

38   Darstellung der Mehr- und Wenigerrechnung

```
Bilanz   Änderungen                          Gewinnauswirkung
           01         02         03        + 01  -    + 02  -    + 03  -
Grund und Boden
        + 80.000  + 80.000  + 80.000       80.000        ø          ø
Gebäude + 118.200 + 115.800 + 113.400      118.200       2.400      2.400
Bank    - 200.000 - 200.000 - 200.000      200.000       ø          ø
                                           198.200 200.000  - 2.400   - 2.400
                                           - 1.800
```

III. Gewinnermittlung nach der GuV-Methode

Nachstehend wird die Auswirkung der Änderung von GuV-Posten auf den Gewinn nach der sog. *GuV-Methode* dargestellt.

Wiederholung: Die Erhöhung eines Aufwands (= Sollbuchung) führt zu einer Gewinnminderung.

```
GuV     Änderungen
          01         02         03       + 01  -    + 02  -    + 03  -
AfA   + 1.800   + 2.400    + 2.400        1.800      2.400      2.400
                                         ================================
```

Ergebnis:

Lediglich die auf das Gebäude vorgenommene AfA führt zu einer Vermögensänderung und damit zu einer Erfolgsänderung.

Die Gewinnauswirkung nach der Bilanz- und nach der GuV-Methode muß die gleiche sein.

Fall 7:

Firma X hat von der Firma V am 1.7.01 ein Grundstück mit aufstehendem, vor 12 Jahren errichtetes Gebäude (einschließlich der Erwerbsnebenkosten) für 300.000 DM gekauft und sofort betrieblich genutzt. Von diesem Betrag (USt wurde wie im Fall 6 nicht berechnet) entfallen auf:

Grund und Boden	100.000 DM
Gebäude	<u>200.000 DM</u>
	300.000 DM

Die Aufwendungen wurden in 01 in Höhe von

200.000 DM mit betrieblichen Mitteln '(Banküberweisung; Bankguthaben über 200.000 DM),
100.000 DM mit privaten Mitteln

bezahlt. Die Nutzungsdauer beträgt im Zeitpunkt des Erwerbs (1.7.01) mehr als 50 Jahre. Die der Firma X in Rechnung gestellten Grundstücks- und Gebäudeaufwendungen betragen:

		zuzüglich gesondert in Rechnung gestellte USt
01	6.000	500
02	12.000	1.000
03	16.000	1.200

Diese Aufwendungen wurdem vom Inhaber der Firma (privat) gezahlt.

Lösung : Nach Abschn. 14 Abs. 1 S. 1 EStR gehören Grund und Boden zum notwendigen Betriebsvermögen. Private Zahlungen werden als Einlagen behandelt.

Die AfA auf das Gebäude richtet sich nach § 7 Abs. 4 S. 1 EStG (= 2 %; im Jahre des Erwerbs pro rata temporis).

Die Hausaufwendungen sind Betriebsausgaben, da sie durch den Betrieb veranlaßt sind (§ 4 Abs. 4 EStG). Die gesondert ausgewiesene Vorsteuer ist abzugsfähig (§ 9b Abs. 1 EStG). Die Zahlung dieser Aufwendungen und der Vorsteuer führt zu Einlagen.

Entwicklung des Kontos "Gebäude":

```
01: Zugang                                    200.000
    AfA: 2 % für 6 Monate von
         200.000 DM                             2.000
    Stand 31.12.01 (= Bilanzansatz)           198.000

02: AfA: 2 % von 200.000 DM                     4.000
    Stand 31.12.02                            194.000

03: AfA: wie 02                                 4.000
    Stand 31.12.03                            190.000
```

Richtige Buchungen:

```
01: Grund und Boden       (1)   100.000      Bank       (1)   200.000
    Gebäude               (1)   200.000  an  Einlage    (1)   100.000
    AfA                   (2)     2.000  an  Gebäude    (2)     2.000
    Hausaufwendungen      (3)     6.000
    UStVK (Vorsteuer)     (3)       500  an  Einlage    (3)     6.500

02: AfA                   (4)     4.000  an  Gebäude    (4)     4.000
    Hausaufwendungen      (5)    12.000
    UStVK (Vorsteuer)     (5)     1.000  an  Einlage    (5)    13.000

03: AfA                   (6)     4.000  an  Gebäude    (6)     4.000
    Hausaufwendungen      (7)    16.000
    UStVK (Vorsteuer)     (7)     1.200  an  Einlage    (7)    17.200
```

Darstellung der Änderungen anhand von T-Konten (BV-Bilanzvortrag):

```
                Grund und Boden                        Gebäude
01: 1) 100.000  | Bil. 100.000           1) 200.000  | 2)        2.000
                                                     | Bil.    198.000

02: BV 100.000  | Bil. 100.000           BV 198.000  | 4)        4.000
                                                     | Bil.    194.000

03: BV 100.000  | Bil. 100.000           BV 194.000  | 6)        4.000
                                                     | Bil.    190.000
```

Änderungen am Bilanzstichtag

```
01: + 100.000 ⎫  Erhöhung         + 198.000 ⎫  Erhöhung
02: + 100.000 ⎬  eines            + 194.000 ⎬  eines
03: + 100.000 ⎭  Aktivpostens     + 190.000 ⎭  Aktivpostens
```

Drei Wirtschaftsjahre   41

	Bank	
01:	Bil. 200.000	1) 200.000
02:	Bil. 200.000	BV 200.000
03:	Bil. 200.000	BV 200.000

	UStVK		
3)	500	Bil.	500
BV	500		
5)	1.000	Bil.	1.500
BV	1.500		
7)	1.200	Bil.	2.700

Änderungen am Bilanzstichtag

01: – 200.000 ⎫ bei Guthaben: –   500 ⎫ bei Führung als
02: – 200.000 ⎬ Verminderung   – 1.500 ⎬ Schuldposten:
03: – 200.000 ⎭ eines Aktiv-   – 2.700 ⎭ Verminderung ei-
                postens   nes Passivpostens

	Einlage	
01:	Kap. 106.500	1) 100.000
	(Bil.)	3) 6.500
02:	Kap. 13.000	5) 13.000
	(Bil.)	
03:	Kap. 17.200	7) 17.200
	(Bil.)	

Änderungen am Bilanzstichtag

01: +   106.500   Erhöhung der Einlage; *keine* Auswirkung
02: +   13.000   auf die folgenden Wirtschaftsjahre
03: +   17.200

	AfA	
01:	2) 2.000	GuV 2.000
02:	4) 4.000	GuV 4.000
03:	6) 4.000	GuV 4.000

	Hausaufwendungen	
3)	6.000	GuV 6.000
5)	12.000	GuV 12.000
7)	16.000	GuV 16.000

Änderung in der GuV-Rechnung

01: +   2.000 ⎫ Erhöhung   + 6.000 ⎫ Erhöhung
02: +   4.000 ⎬ eines Auf-   + 12.000 ⎬ eines Auf-
03: +   4.000 ⎭ wandskontos   + 16.000 ⎭ wandskontos

Die obige *Darstellung der Änderungen* führt zu folgendem Ergebnis:

Bilanz

Grund und Boden, Gebäude, Bank

Die Ausführungen zur Lösung des Falles 6 gelten entsprechend.

Umsatzsteuerverrechnungskonto (UStVK)

Aus Vereinfachungsgründen wird für die verschiedenen umsatzsteuerlichen Vorgänge (wie Vorsteuer und Umsatzsteuerschuld) nur ein Konto, das Umsatzsteuerverrechnungskonto (UStVK) verwendet. Auf diesem als Passivposten geführten Konto tritt wie beim Gebäude (vgl. Lösung des Falles 6) jährlich eine Änderung ein, die den Bilanzposten am Ende des Wj und damit auch das BV Ende beeinflußt.

Die Änderungen auf diesem Konto am Ende eines Wj ergibt sich somit auf:
    Anfangsbestand (= Änderung des BV Ende des Vorjahres)
+/./. Änderungen im laufenden Wj.

Durch die Vorsteuer (= Sollbuchung auf einem Passivposten) vermindert sich die USt-Schuld im Jahre
    01 um   500 DM,
    02 um 1.500 DM (500 DM Anfangsbestand + 1.000 DM Änderung des laufenden Wj; Sollbuchung),
    03 um 2.700 DM (1.500 DM Anfangsbestand + 1.200 DM Änderung des laufenden Wj; Sollbuchung).

Aus den bisherigen Darlegungen kann *folgender Grundsatz* hergeleitet werden:

Bei den Bilanzpositionen, bei denen sich der Bilanzansatz aus dem Anfangsbestand, den Erhöhungen (Zugängen) und Verminderungen (Abgängen, Abschreibungen usw.) des laufenden Wj ergibt (z.B. beim Anlagevermögen, bei Forderungen, Verbindlichkeiten usw.), wirken sich über den Anfangsbestand Änderungen des Vorjahres oder der Vorjahre auch auf den Endbestand des laufenden Wj und der folgenden Wj aus.

Einlage

Änderungen von Einlagen und auch von Entnahmen beeinflussen die folgenden Wj nicht.

GuV

AfA, Hausaufwendungen

Posten auf der GuV-Rechnung (Aufwendungen, Erträge) wirken sich nur auf das Ergebnis des Wj aus, in dem sie anfallen.

Bilanz	Änderungen			Gewinnauswirkung					
	01	02	03	+ 01	−	+ 02	−	+ 03	−
Darstellung 1									
Grund und Boden									
BV E.	+ 100.000	+ 100.000	+ 100.000						
− BV A.	−	+ 100.000	+ 100.000						
	+ 100.000	−	−	100.000					
Gebäude									
BV E.	+ 198.000	+ 194.000	+ 190.000						
− BV A.	−	+ 198.000	+ 194.000						
	+ 198.000	− 4.000	− 4.000	198.000			4.000		4.000
Bank (Guthaben)									
BV E.	− 200.000	− 200.000	− 200.000						
− BV A.	−	− 200.000	− 200.000						
	− 200.000	−	−		200.000				
UStVK									
BV E.	− 500	− 1.500	− 2.700						
− BV A.	−	− 500	− 1.500						
	− 500	− 1.000	− 1.200		500		1.000		1.200
Einlage									
BV E.	+ 106.500	+ 13.000	+ 17.200	106.500		13.000		17.200	
				298.500	306.500	1.000	17.000	1.200	21.200
					− 8.000		− 16.000		− 20.000

Möglich ist auch die *andere Art der Darstellung*. Wir betrachten nur noch die Änderungen am Ende eines Wj und beziehen die Folgerungen auf die Änderungen der Anfangsbestände in der "Gewinnauswirkung" mit ein:

Darstellung 2

Bilanz	Änderung			Gewinnauswirkung						
	01	02	03	+ 01 −		+ 02 −		+ 03 −		
Grund und Boden	+ 100.000	+ 100.000	+ 100.000	100.000		100.000	100.000	100.000	100.000	
Gebäude	+ 198.000	+ 194.000	+ 190.000	198.000		194.000	198.000	190.000	194.000	
Bank	− 200.000	− 200.000	− 200.000		200.000	200.000	200.000	200.000	200.000	
UStVK	− 500	− 1.500	− 2.700		500		1.500	500	2.700	1.500
Einl.	+ 106.500	+ 13.000	+ 17.200		106.500		13.000		17.200	
				298.500	306.500	495.500	511.500	492.700	512.700	
				− 8.000		− 16.000		− 20.000		

Auch eine *saldierte Darstellung* kommt in Betracht:

Darstellung 3

	01	02	03						
Grund und Boden	+ 100.000	+ 100.000	+ 100.000	100.000		∅		∅	
Gebäude	+ 198.000	+ 194.000	+ 190.000	198.000			4.000		4.000
Bank	− 200.000	− 200.000	− 200.000		200.000	∅		∅	
UStVK	− 500	− 1.500	− 2.700		500		1.000		1.200
Einl.	+ 106.500	+ 13.000	+ 17.200		106.500		13.000		17.200
				298.500	306.500	1.000	17.000	1.200	21.200
				− 8.000		− 16.000		− 20.000	

GuV

AfA	+ 2.000	+ 4.000	+ 4.000	2.000	4.000	4.000
Hausaufw.	+ 6.000	+ 12.000	+ 16.000	6.000	12.000	16.000
				− 8.000	− 16.000	− 20.000

Dritter Abschnitt: Überprüfung der Buchungen der Firma auf
                   ihre Richtigkeit

Die bisherigen Darlegungen befaßten sich mit der Auswirkung von Geschäftsvorfällen auf Bilanzposten, Aufwands-, und Ertragskonten, sowie auf den Gewinn.

In den folgenden Fällen werden *Buchungen einer Firma* auf ihre Richtigkeit überprüft.

Fall 8:

Firma X hat am 1.4.01 ein Grundstück mit aufstehendem Gebäude für 270.000 DM gekauft und über Bank bezahlt. Außerdem zahlte die Firma (über Bank) für

Grunderwerbsteuer	6.000 DM
Vermittlungsgebühr, Notariats- und Eintragungskosten	24.000 DM
	30.000 DM

Vorsteuer wurde vom Veräußerer nicht in Rechnung gestellt.

Grundstück und Gebäude wurden nach dem Erwerb ausschließlich betrieblich genutzt.

Die Firma buchte:

```
01: Grund und Boden   (1)  50.000
    Gebäude           (1) 220.000  an Bank   (1) 270.000
    Hausaufwendungen  (2)  30.000  an Bank   (2)  30.000
    AfA (4 %)         (3)   8.800  an Gebäude (3)  8.800

02: AfA (4 %)         (4)   8.800  an Gebäude (4)  8.800
```

Im Jahre 03 stockte Firma X das erworbene Gebäude auf. Die entstandenen Kosten in Höhe von 100.000 DM buchte die Firma:

```
03: Reparaturen      (5) 100.000
    UStVK (Vorst.)   (5)  14.000  an Bank    (5) 114.000
    AfA (4 %)        (6)   8.800  an Gebäude (6)   8.800
```

Durch die Bp wurde der Kaufpreis im Einvernehmen mit der Firma im Verhältnis 1/3 (Grund und Boden) zu 2/3 (Gebäude) verteilt. Die Aufstockung war am 1.10.03 fertiggestellt. Die ND des Gebäudes beträgt ab 01 mehr als 50 Jahre.

Das Bankkonto wies schon vor dem Kauf eine Schuld aus.

Lösung: Zu den Anschaffungskosten gehören alle Aufwendungen, die der Stpfl. macht, um ein WG aus der fremden in die eigene Verfügungsmacht zu überführen und es in den Zustand zu versetzen, daß es den ihm zugedachten Betriebszweck erfüllen kann. Die "Anschaffung" ist also erst beendet, wenn das WG betriebsbereit ist.

Zu den Anschaffungskosten zählen somit:

(1) der Kaufpreis;

(2) die Erwerbsnebenkosten, d.h. die in unmittelbarem Zusammenhang mit dem Kauf stehenden Einzelnebenkosten, nicht dagegen die Gemeinkosten (BFH-Urt. vom 31.7.1967, BStBl. 1968 II S. 22);

(3) eigene Kosten der Firma, die aufgewendet werden, um das angeschaffte WG dem Zweck entsprechend einzusetzen;

(4) die Vorsteuer, soweit sie nicht abgezogen werden kann (§ 9b Abs. 1 EStG).

Anschaffungskosten lt. Bp:		Grund und Boden		Gebäude
Kaufpreis	1/3	90.000	2/3	180.000
Erwerbsnebenkosten	1/3	10.000	2/3	20.000
		100.000		200.000

Nach den Feststellungen der Bp ist die AfA nach § 7 Abs. 4 Satz 1 EStG zu errechnen, im Jahr 01 (Jahr der Anschaffung) für 9 Monate (pro rata temporis nach § 7 Abs. 1 EStG; Abschn. 42 Abs. 2 S. 7 EStR).

Aufstockung des erworbenen Gebäudes

Nach Abschn. 157 Abs. 3 i.V. mit Abschn. 24 EStR stellt die Aufstockung Herstellungsaufwand dar. Die Aufwendungen sind deshalb zu aktivieren.

Nach Abschn. 42a Abs 1 S. 1 EStR richtet sich die AfA nach dem Hundertsatz des Gebäudes (im Jahr der Herstellung: volle AfA). Abschn. 42a Abs. 1 S. 2 EStR). Das BFH-Urt. vom 25.11.1970 (BStBl. 1971 II S. 142; vgl. Abschn. 42a Abs. 1 EStR) kommt hier nicht zur Anwendung, da die AfA nach § 7 Abs. 4 Satz 1 EStG errechnet wird (vgl. BFH-Urt. vom 7.6.1977, BStBl. 1977 II S. 606).

Entwicklung des Kontos Grund und Boden (und zugleich Änderung des BV Ende):   lt. HB   lt. PB   Änderungen (d.HB gegenüber d. PB)

```
01: Zugang                    50.000   100.000
    31.12.01 - 03             50.000   100.000   + 50.000
```

Entwicklung des Kontos Gebäude:

```
01: Zugang                    220.000   200.000
    AfA: lt. Fa.                8.800
         lt. Bp: 2 %
              f. 200.000
              f. 9 Monate                 3.000
    31.12.01                  211.200   197.000   - 14.200

02: AfA: lt. Fa.                8.800
         lt. Bp: 2 %
              v. 200.000                  4.000
    31.12.02                  202.400   193.000   -  9.400

                                   -    100.000
                              202.400   293.000

03: Zugang
    AfA lt. Fa.                 8.800
        lt. Bp
           Gebäude alt  4.000
           Aufstockung 2 %
           2 % v.
           100.000      2.000              6.000
    31.12.03                  193.600   287.000   + 93.400
```

Richtige Buchungen:

```
01: Grund und Boden   (1) 100.000                      270.000
    Gebäude           (1) 200.000   an Bank    (1-2)    30.000
    AfA               (3)   3.000   an Gebäude (3)      3.000

02: AfA               (4)   4.000   an Gebäude (4)      4.000
```

03: Gebäude   (5) 100.000   an Bank   (5) 114.000
    UStVK (Vorsteuer)   (5) 14.000
    AfA   (6)   6.000   an Gebäude (6)   6.000

Darstellung der Änderungen anhand von T-Konten (BV = Bilanzvortrag):

Firma	Grund und Boden		Gebäude	
01:	1) 50.000	Bil. 50.000	1) 220.000	3) 8.800 Bil. 211.200
02:	BV 50.000	Bil. 50.000	BV 211.200	4) 8.800 Bil. 202.400
03:	BV 50.000	Bil. 50.000	BV 202.400	6) 8.800 Bil. 193.600

Bp	Grund und Boden		Gebäude	
01:	1) 100.000	Bil. 100.000	1) 200.000	3) 3.000 Bil. 197.000
02:	BV 100.000	Bil. 100.000	BV 197.000	4) 4.000 Bil. 193.000
03:	BV 100.000	Bil. 100.000	BV 193.000 5) 100.000	6) 6.000 Bil. 287.000

Änderungen (= Abweichungen der Buchungen der Bp von den Buchungen der Firma):

Grund und Boden:
01: + 50.000 ⎫
02: + 50.000 ⎬ Erhöhung eines Aktivpostens
03: + 50.000 ⎭

Gebäude:
01: − 14.200 ⎫ Verminderung ⎫
02: − 9.400 ⎬   ⎬ eines Aktivpostens
03: + 93.400 ⎭ Erhöhung   ⎭

Firma	Bank		UStVK (Vorsteuer)	
01:	Bil. 300.000	1) 270.000 2) 30.000		
02:	Bil. 300.000	BV 300.000		
03:	Bil. 414.000	BV 300.000 5) 114.000	5) 14.000	Bil. 14.000

Überprüfung der Buchungen der Firma

Bp	Bank			UStVK (Vorsteuer)		
01:	Bil. 300.000	1) 270.000				
		2) 30.000				
02:	Bil. 300.000	BV 300.000				
03:	Bil. 414.000	BV 300.000		5) 14.000	Bil. 14.000	
		5) 114.000				

Änderungen:

01:
02: keine Änderung
03:

01:
02: keine Änderung
03:

Firma	AfA			Hausaufwendungen		
01:	3)	8.800	GuV 8.800	2) 30.000	GuV 30.000	
02:	4)	8.800	GuV 8.800			
03:	6)	8.800	GuV 8.800			

Bp	AfA			Hausaufwendungen		
01:	3)	3.000	GuV 3.000			
02:	4)	4.000	GuV 4.000			
03:	6)	6.000	GuV 6.000			

Änderungen:

01: − 5.800 ⎫
02: − 4.800 ⎬ Verminderung eines Aufwandskontos
03: − 2.800 ⎭

01: − 30.000 ⎫ Verminderung eines Aufwandskontos
02: ∅ ⎫ keine
03: ∅ ⎭ Änderung

Firma	Reparatur		
01:			
02:			
03:	5) 100.000	GuV 100.000	

Bp	Reparatur	
01:		
02:		
03:		

Änderungen:

01: ∅ } keine Änderung
02: ∅
03: - 100.000 } Verminderung eines Aufwandskontos

In der folgenden Darstellung werden die sich durch die Buchungen der Firma und der Bp ergebenden Änderungen am Ende eines Wj gegenübergestellt und die Abweichungen der Änderungen auf die Auswirkung auf den Gewinn überprüft.

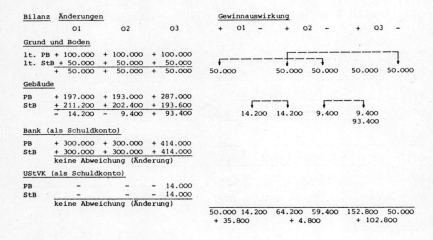

Überprüfung der Buchungen der Firma   51

In der folgenden Darstellung werden die Änderungen wie oben
erfaßt, die Gewinnauswirkungen jedoch saldiert.

```
Bilanz  Änderungen                      Gewinnauswirkung
         01         02         03       +  01   -     +  02   -     +  03   -
Grund und Boden
PB   + 100.000  + 100.000  + 100.000
StB  +  50.000  +  50.000  +  50.000
     +  50.000  +  50.000  +  50.000      50.000          ∅              ∅

Gebäude
PB   + 197.000  + 193.000  + 287.000
StB  + 211.200  + 202.400  + 193.600
     -  14.200  -   9.400  +  93.400              14.200    4.800       102.800
                                          ─────────────  ───────────  ───────────
                                          50.000  14.200  +  4.800     + 102.800
                                          + 35.800

Gewinnermittlung nach der GuV-Methode:

GuV     Änderungen                      Gewinnauswirkung
         01         02         03       +  01   -     +  02   -     +  03   -
AfA
Bp   +   3.000  +   4.000  +   6.000
Fa.  +   8.800  +   8.800  +   8.800
     -   5.800  -   4.800  -   2.800       5.800          4.800           2.800

Hausaufwendungen
Bp       -          -          -
Fa.  +  30.000     -          -
     -  30.000     -          -           30.000

Reparatur
Bp       -          -          -
Fa.      -          -      + 100.000
         -          -      - 100.000                                    100.000
                                          ───────────   ───────────   ───────────
                                          + 35.800      +  4.800      + 102.800
```

In der Lösung zum *Fall 8* wurde gezeigt, daß die Ermittlung
der Änderungen (= Abweichung der Buchungen der Firma von
den Buchungen der Bp) anhand von T-Konten wohl die sicher-
ste Methode ist. Sie ist aber m.E. auch sehr zeitraubend.

Aus diesem Grunde sollte auf *diese Methode nur in schwierigen Fällen* zurückgegriffen, im übrigen aber versucht werden, die Fälle auf andere Weise zu lösen.

Eine Möglichkeit wurde bereits dargestellt. Ausgangspunkt war dabei die Gegenüberstellung der Buchungen der Firma und der vom Prüfer (Bp) als richtig angenommenen Buchungen *ohne* Verwendung von T-Konten. Die Buchungen der Firma werden dabei dem Sachverhalt, die als richtig unterstellten Buchungen z.T. der Entwickung eines oder mehrere Bilanzkonten entnommen und im übrigen durch Buchungssätze dargestellt.

Eine weitere Möglichkeit bietet sich in der nachstehenden Darstellung an. Es werden dabei die Änderungen (Bilanz- und GuV-Änderungen) hinter der Entwicklung eines Bilanzpostens eingetragen. Änderungen bei schwierigen Vorgängen können durch Gegenüberstellung der Buchungen der Firma und des Prüfers (Bp) ermittelt werden. Für den Fall 8 ergibt sich hierbei folgendes:

Entwicklung des Kontos "Grund und Boden":

	lt. HB	lt. PB	Änderungen	
			Bilanz	GuV
01: Zugang lt. Fa.	50.000			Hausaufwend.
lt. Bp		100.000		- 10.000
31.12.01	50.000	100.000	Grund und Boden + 50.000	
02: 31.12.02	50.000	100.000	Grund und Boden + 50.000	
03: 31.12.03	50.000	100.000	Grund und Boden + 50.000	

Entwicklung des Kontos "Gebäude"

	lt. HB	lt. PB	Änderungen Bilanz	GuV
01: Zugang lt. Fa.	220.000			Hausaufwend.
lt. Bp		200.000		- 20.000
AfA lt. Fa.	8.800			
lt. Bp 2 %				
v. 200.000				AfA
f. 9 Monate		3.000		- 5.800
31.12.01	211.200	197.000	Geb. - 12.200	
02: AfA lt. Fa.	8.800			
lt. Bp		4.000	AfA -	4.800
31.12.02	202.400	193.000	Geb. - 9.400	
03: Zugang lt. Bp	-	100.000		Reparatur
				- 100.000
AfA lt. Fa.	8.800			
lt. Bp 2 %				
v. 100.000				
= 4.000				
2 % von				
100.000 =				
2.000		6.000	AfA -	2.800
31.12.03	193.600	287.000	Geb. + 93.400	

Die Änderungen in den einzelnen Jahren ergaben sich aus folgenden Buchungen (die in Klammer gesetzten Zahlen beziehen sich auf die sich anschließenden Erläuterungen):

Buchungen der Firma:

01:	Grund und Boden	50.000 (2)	an Bank	270.000 (1)
	Gebäude	220.000 (2)		
	Hausaufwendungen	30.000 (3)	an Bank	30.000 (1)
	AfA	8.800 (3)	an Gebäude	8.800 (2)
02:	AfA	8.800 (3)	an Gebäude	8.800 (2)

Buchungen des Prüfers (Bp):

```
01: Grund und Boden    90.000  (2)
                    + 10.000  (2)   an Bank    270.000 (1)
    Gebäude          180.000  (2)            +  30.000 (1)
                    + 20.000  (2)
    AfA                3.000  (3)   an Gebäude   3.000 (2)
02: AfA                4.000  (3)   an Gebäude   4.000 (2)
```

Die Gegenüberstellung der Buchungen führt zu folgendem Ergebnis:

1. Die mit (1) gekennzeichneten Buchungen der Firma und der Bp stimmen überein, sind also richtig und führen zu keiner Änderung.

2. Die mit (2) und (3) versehenen Buchungen der Firma und der Bp weichen zwar voneinander ab; die Änderungen wurden aber bereits bei der Entwicklung der Konten "Grund und Boden" und "Gebäude" erfaßt.

3. Die mit (3) vermerkten Buchungen der Firma und der Bp werden nochmals gegenübergestellt und die Änderungen, die in der "Änderungsspalte" (oben) eingetragen sind, ermittelt:

GuV

Hausaufwendungen	01	02
lt. Bp	–	
lt. Fa.	+ 30.000	
Änderungen	– 30.000	

AfA		
lt. Bp	+ 3.000	+ 4.000
lt. Fa.	+ 8.800	+ 8.800
Änderungen	– 5.800	– 4.800

In 03 buchte die Firma:

```
03: Reparatur          100.000 (3)
    UStVK (Vorsteuer)   14.000 (1)   an Bank    114.000 (1)
    AfA                  8.800 (3)   an Gebäude   8.800 (2)
```

Überprüfung der Buchungen der Firma   55

Und die Bp:

O1: Gebäude   100.000 (2)   an Bank   114.000 (1)
    UStVK   14.000   (1)
    AfA   6.000   (3)   an Gebäude   6.000   (2)

Auch hier werden die mit (3) bezeichneten Buchungen der
Firma und der Bp auf ihre in die Änderungsspalte (oben)
eingetragenen Änderungen nochmals überprüft.

GuV

Reparatur   O3
lt. Bp   —
lt. Fa.   + 100.000
Änderung   - 100.000

AfA
lt. Bp   +   6.000
lt. Fa.   +   8.800
Änderung   -   2.800

Die in der Änderungsspalte (oben) ausgewiesenen Änderungen
führen zu folgender Gewinnauswirkung:

Bilanz	Änderungen			Gewinnauswirkung						
	O1	O2	O3	+ O1 -		+ O2 -		+ O3		-
Grund und Boden										
	+ 50.000	+ 50.000	+ 50.000	50.000		50.000	50.000	50.000		50.000
Gebäude	- 14.200	- 9.400	+ 93.400		14.200	14.200	9.400	9.400		
								93.400		
				50.000	14.200	64.200	59.400	152.800		50.000
				+ 35.800		+ 4.800		+ 102.800		
GuV										
AfA	- 5.800	- 4.800	- 2.800	5.800		4.800		2.800		
Hausaufwend.	- 30.000	—	—	30.000						
Rep.	—	—	- 100.000					100.000		
				+ 35.800		+ 4.800		+ 102.800		

Auch diese Darstellung kann dadurch *vereinfacht* werden, daß auf die erneute Angabe der Änderungen verzichtet wird, sofern sich nicht ein Bilanzposten im Prüfungszeitraum, insbesondere in einem Wj, mehrmals ändert (wie im Fall 8 z.B. das Konto "UStVK").

Bilanz	Änderungen			Gewinnauswirkung					
	01	02	03	+ 01 −		+ 02 −		+ 03 −	
Grund und Boden									
	siehe oben			50.000		50.000	50.000	50.000	50.000
Gebäude	siehe oben				14.200	14.200	9.400	9.400	
								93.800	
				50.000	14.200	64.200	59.400	152.300	50.000
				+ 35.800		+ 4.800		+ 102.800	

Dabei sollte nicht vergessen werden, daß die Gewinnauswirkung nach der Bilanzmethode die Folge der *Änderung* des BV Ende und des BV Anfang des folgenden Wj (Bilanzzusammenhang) ist.

Schließlich kann die Gewinnauswirkung der einzelnen Änderungen in den einzelnen Wj saldiert ausgewiesen werden:

Bilanz	Änderungen			Gewinnauswirkung					
	01	02	03	+ 01 −		+ 02 −		+ 03 −	
Grund und Boden									
	siehe oben			50.000		∅		∅	
Gebäude	siehe oben				14.200	4.800		102.800	
				50.000	14.200	+ 4.800		+ 102.800	
				+ 35.800					
GuV									
AfA	− 5.800	− 4.800	− 2.800	5.800		4.800		2.800	
Hausaufwend.	− 30.000	−	−	30.000					
Rep.	−	−	− 100.000					100.000	
				+ 35.800		+ 4.800		+ 102.800	

Überprüfung der Buchungen der Firma 57

Die anschließend behandelten Fälle werden nach dieser Methode gelöst und die Richtigkeit der Lösung nach den beiden anderen Methoden (T-Konten und Gegenüberstellung der Änderungen) überprüft.

Fall 9:

Firma X kaufte im März 01 eine Schreibmaschine und gab eine voll abgeschriebene Schreibmaschine in Zahlung. Die Rechnung des Lieferanten lautete:

```
        1 elektrische Schreibmaschine        2.000 DM
        + 14 % USt                             280 DM
                                             2.280 DM

        Gutschrift:

        1 gebrauchte Schreibmaschine  500 DM
        + 14 % USt                     70 DM   570 DM
                                              1.710 DM
                                             ========
```

Firma X zahlte diesen Betrag (1.710 DM) im Mai 01 und buchte:

```
01: Geschäftsausstattung   1.430
    UStVK (Vorsteuer)        280    an Sonst. Verbindl.      1.710
    Sonst. Verbindl.       1.710    an Bank
    AfA (20 %)               286    an Geschäftsausstattung    286
02: AfA                      286    an Geschäftsausstattung    286
03: AfA                      286    an Geschäftsausstattung    286
```

Der gutgeschriebene Betrag für die gebrauchte Schreibmaschine entspricht dem gemeinen Wert.

Die Nutzungsdauer von 5 Jahren wurde von der Bp nicht beanstandet.

Lösung: Es liegt ein Tausch mit Baraufgeld vor.

Die Anschaffungskosten setzen sich zusammen aus:

(1) dem gemeinen Wert des hingegebenen WG,
(2) dem Baraufgeld (Überweisung ./. USt).

58   Darstellung der Mehr- und Wenigerrechnung

Beide Werte entsprechen im vorliegenden Fall dem Kaufpreis
der neuen Maschine.

Bei einer Nutzungsdauer von 5 Jahren ist die degressive AfA
(§ 7 Abs. 2 S. 2 EStG) 30 % ab 03 die lineare AfA vom Buchwert (§ 7 Abs. 3 EStG) die günstigste. Sie kann auch im
Jahr der Anschaffung voll abgesetzt werden (Abschn. 43 Abs.
7 S. 3 EStR).

Beim Verkauf (Tausch) der gebrauchten Schreibmaschine werden die stillen Reserven aufgelöst. Sie führen zu einem a.o.
Ertrag.

Entwicklung des Kontos "Geschäftsausstattung" (die mit (3)
versehenen Änderungen werden anschließend nochmals erläutert):

```
                     lt. HB  lt. PB  Änderungen
                                     Bilanz            GuV
01: Zugang lt. Fa.   1.430           UStVK + 70 (3)
                                     (01 - 03)

    lt. Bp:                                      a.o. Ertrag
    Kaufpreis         2.000                      + 500 (3)
                     ─────  ─────
                     1.430  2.000

    AfA lt. Fa.        286                       AfA
    lt. Bp:
    20 % degressiv           600                 + 314 (3)
    31.12.01         1.144  1.400   Gesch. + 256

02: AfA lt. Fa.
    wie 01             286                       AfA
    lt. Bp:                                      + 134 (3)
    30 % degr.
    v. 1.400                 420    Gesch. + 122
    31.12.02          858    980

03: AfA lt. Fa.
    wie 01             286                       AfA
    lt. Bp:                                      + 41 (3)
    1/3 linear
    v. 980                   327
    31.12.03          572    653    Gesch. + 81
```

Überprüfung der Buchungen der Firma

Erläuterungen der Änderungen

Buchungen der Firma:

01: Geschäftsausst.	1.430	(2)	an Sonst. Verbindl.	1.710	(1)
UStVK (Vorsteuer)	280	(1)			
Sonst. Verbindl.	1.710	(1)	an Bank	1.710	(1)
AfA	286	(3)	an Gesch. Ausstatt.	286	(2)
02: AfA	286	(3)	an Gesch. Ausstatt.	286	(2)
03: AfA	286	(3)	an Gesch. Ausstatt.	286	(2)

Buchungen des Prüfers (Bp):

01: Geschäftsausst.	2.000	(2)	Sonst. Verbindl.	1.710	(1)
UStVK (Vorsteuer)	280	(1)	an UStVK (USt-Schuld)	70	(3)
			a.o. Ertrag	500	(3)
Sonst. Verbindl.	1.710	(1)	an Bank	1.710	(1)
AfA	600	(3)	an Gesch. Ausstatt.	600	(2)
02: AfA	420	(3)	an Gesch. Ausstatt.	420	(2)
03: AfA	327	(3)	an Gesch. Ausstatt.	327	(2)

Die mit (1) gekennzeichneten Buchungen der Firma und der Bp stimmen überein und sind richtig.

Die mit (2) und (3) vermerkten Buchungen der Firma und der Bp wurden bereits bei der Entwicklung des Kontos "Geschäftsausstattung" erläutert.

Die mit (3) versehenen Buchungen der Firma und der Bp werden nochmals gegenübergestellt. Die in der Änderungsspalte (oben) eingetragenen Änderungen wurden auf folgende Weise ermittelt:

Bilanz

UStVK (als Schuldkonto behandelt)	01 - 03
lt. Bp: USt-Schuld	+ 70
lt. Fa.:	-
Änderungen	+ 70

Die in 01 eingetretene Änderung bleibt im gesamten Prüfungszeitraum bestehen (daher: 01 - 03).

GuV	O1	O2	O3
AfA			
lt. Bp:	+ 600	+ 420	+ 327
lt. Fa.:	+ 286	+ 286	+ 286
Änderungen	+ 314	+ 134	+ 41

a.o. Ertrag	O1	O2	O3
lt. Bp:	+ 500	-	-
lt. Fa.:	-	-	-
Änderungen	+ 500	-	-

Die in den Änderungsspalten erfaßten Änderungen führen zu folgender Gewinnauswirkung:

Bilanz	Änderungen			Gewinnauswirkung						
	O1	O2	O3	+ O1	-	+ O2	-	+ O3	-	
Gesch. Ausst.	+ 256	+ 122	+ 81	256		122	256	81	122	
UStVK	+ 70	+ 70	+ 70		70	70	70	70	70	
				256	70	192	326	151	192	
				+ 186		- 134		- 41		

GuV							
AfA	+ 314	+ 134	+ 41	314	134	41
a.o. Ertr.	+ 500	-	-	500		
				500 314	- 134	- 41
				+ 186		

Die Pfeile ⌐ ¬ sollen veranschaulichen, wie sich die Änderungen des BV-Ende und die sich daraus ergebende Änderung des BV-Anfang des folgenden Wj auf den Gewinn auswirken.

Oder die *vereinfachte* Darstellung (vgl. Fall 8):

Bilanz	Änderungen			Gewinnauswirkung						
	O1	O2	O3	+ O1	-	+ O2	-	+ O3	-	
Gesch. Ausst.	siehe oben			256		122	256	81	122	
UStVK	siehe oben				70	70	70	70	70	
				256	70	192	326	151	192	
				+ 186		- 134		- 41		

Überprüfung der Buchungen der Firma

Weitere Vereinfachung der Darstellung:

Bilanz	Änderungen	Gewinnauswirkung					
	01 02 03	+ 01	−	+ 02	−	+ 03	−
Gesch. Ausst.	siehe oben	256			134		41
UStVK	siehe oben		70	∅		∅	
		256	70		− 134		− 41
		+ 186					

GuV	Änderungen	Gewinnauswirkung					
	01 02 03	+ 01	−	+ 02	−	+ 03	−
AfA	siehe oben		314		134		41
a.o. Ertr.	siehe oben	500					
		500	314		− 134		− 41
		+ 186					

PROBE

Richtige Buchungen:

```
01: Geschäftsausst.     2.000     Sonst. Verbindlichk.   1.710
    UStVK (Vorsteuer)     280 an  UStVK (USt-Schuld)        70
                                  a.o. Ertrag              500
    Sonst. Verbindl.    1.710 an  Bank                   1.710
    AfA                   600 an  Geschäftsausstattung     600
02: AfA                   420 an  Geschäftsausstattung     420
03: AfA                   327 an  Geschäftsausstattung     327
```

Darstellung *anhand von T-Konten* (BV = Bilanzvortrag):

Firma:	Geschäftsausstattung			Bank			
01:	1) 1.430	3)	286	Bil. 1.710	2)	1.710
		Bil.	1.144			
02:	BV 1.144	4)	286	Bil. 1.710	BV	1.710
		Bil.	858			
03:	BV 858	5)	286	Bil. 1.710	BV	1.710
		Bil.	572			

Darstellung der Mehr- und Wenigerrechnung

Bp:	Geschäftsausstattung			Bank			
01:	1) 2.000	3)	600	Bil. 1.710	2)	1.710
		Bil.	1.400			
02:	BV 1.400	4)	420	Bil. 1.710	BV	1.710
		Bil.	980			
03:	BV 980	5)	327	Bil. 1.710	BV	1.710
		Bil.	653			

Änderungen:

01: + 314 ⎫
02: + 134 ⎬ Erhöhung eines Aktivpostens
03: + 41 ⎭

01: ⎫
02: ⎬ keine Änderung
03: ⎭

Firma:	Sonst. Verbindlichkeit			UStVK (Passivposten)	
01:	2) 1.710	1) 1.710	1) 280	Bil. 280
			BV 280	Bil. 280
			BV 280	Bil. 280

Bp:	Sonst. Verbindlichkeit		UStVK (Passivposten)	
01:	2) 1.710	1) 1.710	1) 280	1) 70
				Bil. 210
02:			BV 210	Bil. 210
03:			BV 210	Bil. 210

Änderungen:

01: ⎫
02: ⎬ keine Änderung
03: ⎭

01: + 70 ⎫
02: + 70 ⎬ Erhöhung eines Passivpostens
03: + 70 ⎭

Firma:	AfA			a.o. Ertrag
01:	3) 286	GuV 286	
02:	4) 286	GuV 286	
03:	5) 286	GuV 286	

Überprüfung der Buchungen der Firma

		AfA				a.o. Ertrag		
O1:	3)	600	GuV	600	GuV	500	1)	500
O2:	4)	420	GuV	420				
O3:	5)	327	GuV	327				

Änderungen:

O1: 314 ⎫   Erhöhung   O1: + 500 ⎧ Erhöhung eines
O2: 134 ⎬   eines Auf-   O2: ∅   ⎨ Ertragspostens
O3: 41 ⎭   wandspostens   O3: ∅   ⎩ keine Änderung

<u>Darstellung durch *Gegenüberstellung der Änderungen*</u>

<u>Bilanz</u> <u>Änderungen</u>   Gewinnauswirkung
             O1   O2   O3   + O1 -   + O2 -   + O3 -
<u>Geschäftsausstattung</u>
lt. Bp: + 1.400   +   980   + 653
lt. Fa.: + 1.144   +   858   + 572
          +   256   +   122   + 81   256   122   256   81   122

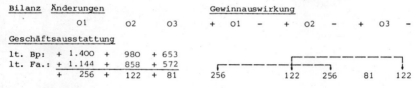

<u>Bank:</u> ohne Änderung

<u>Sonstige Verbindlichkeiten:</u> ohne Änderung

<u>UStVK (als Schuldkonto)</u>
lt. Bp: - 280   -   280   - 280
          +   70   +   70   + 70
          - 210   -   210   - 210
lt. Fa.: - 280   -   280   - 280
          +   70   +   70   + 70

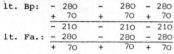

                                                          70   70   70   70   70
                                            256   70   192   326   151   192
                                            + 186   - 134   - 41

oder saldiert:

<u>Bilanz</u> <u>Änderungen</u>   Gewinnauswirkung
             O1   O2   O3   + O1 -   + O2 -   + O3 -
Gesch.
Ausst.   + 256   +   122   + 81   256   134   41
UStVK   +   70   +   70   + 70   70   ∅   ∅
                                            256   70   - 134   - 41
                                            + 186

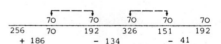

Darstellung der Mehr- und Wenigerrechnung

Bilanz	Änderung			Gewinnauswerikung					
	01	02	03	+ 01	−	+ 02	−	+ 03	−

GuV

AfA

lt. Bp:	+ 600	+ 420	+ 327			
lt. Fa.:	+ 286	+ 286	+ 286			
	+ 314	+ 134	+ 41	314	134	41

a.o. Ertrag

lt. Bp:	+ 500	−	−		
lt. Fa.:	−	−	−		
	+ 500	−	−	500	

$$\begin{array}{cccc} & 500 & 314 & -134 & -41 \\ & +186 & & & \end{array}$$

Fall 10:

Firma X hat im Juli 01 einen PKW für 10.000 DM (zuzüglich gesondert in Rechnung gestellte USt von 14 % = 1.400 DM) gekauft. Der PKW wurde ausschließlich betrieblich genutzt. Als Nutzungsdauer hat die Firma 4 Jahre zugrunde gelegt. Ende September 03 verkaufte sie ihn für 7.000 DM an einen Privatmann.

Die Firma buchte:

01:	Kfz	11.400 an Bank	11.400
	AfA	2.800 an Kfz	2.800
02:	AfA	2.800 an Kfz	2.800
03:	AfA	2.800 an Kfz	2.800
	Bank	7.000 an Kfz	3.000
		Einlage	4.000

Durch die Bp wurde festgestellt, daß sich die Firma vom Lieferanten des PKW verschiedene Extras für 1.500 DM (zuzüglich gesondert in Rechnung gestellte USt von 14 % = 210 DM; Gegenbuchung: Bank) einbauen ließ. Über diese Sonderleistungen erstellte der Lieferant auf Wunsch der Firma X eine gesonderte Rechnung.

Überprüfung der Buchungen der Firma　　　　　　　　　　　　65

Die Kosten dieser Sonderleistungen wurden von der Firma auf dem Konto "Reparatur", die USt (Vorsteuer) auf dem Konto "UStVK" gebucht.

Die von der Firma angenommene Nutzungsdauer von 4 Jahren wurde von der Bp nicht beanstandet. Die Firma wünscht lineare AfA.

Lösung:

1. Zu den Anschaffungskosten des PKW gehören:
   a) Kaufpreis (ohne Vorsteuer, § 9b Abs. 1 EStG)
   b) Extras.

2. Bei einer Nutzungsdauer von 4 Jahren ist im 1. Jahr die degressive (§ 7 Abs. 2 Satz 2 EStG), ab dem 2. Jahr die lineare AfA (§ 7 Abs. 1 und 3 EStG) die günstigste. Die Firma wünscht jedoch lineare AfA. In 01 kann nur die halbe Jahres-AfA vorgenommen werden (Abschn. 43 Abs. 7 Satz 3 EStG), im Jahr der Veräußerung (o3) nur bis zum 30.09.03 abgeschrieben werden (Abschn. 43 Abs. 7 Satz 2 EStR = 9 Monate).

3. Der Unterschiedsbetrag zwischen dem Veräußerungserlös (ohne USt) und dem Buchwert führt zu einem a.o. Ertrag oder a.o. Aufwand.

   In 03 kann von einer AfA abgesehen werden, weil der PKW ausschließlich betrieblich genutzt wurde und deshalb die privaten Entnahmen von dieser Veräußerung nicht beeinflußt werden. In diesem Falle vermindert sich der a.o. Ertrag oder es erhöht sich der a.o. Aufwand um die unterbliebene AfA (= Aufwand).

Darstellung der Mehr- und Wenigerrechnung

Entwicklung des Kontos "Kraftfahrzeuge" (die in Klammer vermerkten Zahlen beziehen sich auf die Erläuterungen)

```
                          lt. Bp   lt. PB   Änderungen
                                            Bilanz              GuV
01: Zugang lt. Fa.        11.400            UStVK - 1.400       (1a)
    lt. Bp: Kaufpreis              10.000   O1 - O3    Rep. - 1.500
            Extras                  1.500                       (1b)
                          11.400   11.500
    AfA lt. Fa.:           2.800
    lt. Bp: 25 %
        von 11.500,
        davon 1/2                   1.438              AfA - 1.362
    31.12.01               8.600   10.062   Kfz + 1.462         (2)

02: AfA lt. Fa.:           2.800
    lt. Bp: 25 %
        von 11.500                  2.875              AfA +    75
    31.12.02               5.800    7.187   Kfz + 1.387         (2)

03: AfA lt. Fa.:           2.800
    lt. Bp: 25 %
        f. 9 Mon.                   2.156              AfA -   644
                           3.000    5.031                       (2+3)
    Abgang                 3.000    5.031   UStVK + 860 (3) a.o. Ertrag
                                                        + 1.109 (3)
                                            Einlage
                                            - 4.000 (3)
    31.12.03                 -        -     Kfz Ø
```

Auswirkungen

```
Bilanz  Änderungen                    Gewinnauswirkung
             01       02       03     +  01   -   +  02    -    +  03    -
Kfz     + 1.462  + 1.387       -         1.462    1.387  1.462         1.387
UStVK   - 1.400  - 1.400   - 1.400
             -        -    +   860
        - 1.400  - 1.400   -   540       1.400    1.400  1.400    540  1.400
Einlage      -        -    - 4.000                                4.000
                                      + 2.862    2.787  2.862   4.540  2.787
                                                  - 75         + 1.753

GuV
AfA     - 1.362  +    75   -   644       1.362      75           644
Rep.    - 1.500      -          -        1.500
a.o.Ertr.   -        -     + 1.109                             1.109
                                      + 2.862             - 75 + 1.753
```

Oder (vereinfachte Form):

```
Bilanz     Änderungen                    Gewinnauswirkung
           01       02       03          + 01   -   + 02   -     + 03    -
Kfz     siehe oben                         1.462    1.387 1.462          1.387
UStVK - 1.400  - 1.400  - 1.400
           -       -     +   860
        - 1.400  - 1.400  -  540          1.400    1.400 1.400     540 1.400
Einlage siehe oben                                              4.000
                                        + 2.862    2.787 2.862 4.540 2.787
                                                       -  75        +1.753
GuV
AfA     siehe oben                         1.362           75     644
Rep.    siehe oben                         1.500
a.o.Ertr. siehe oben                                            1.109
                                        + 2.862         - 75  +1.753
```

Saldierte Darstellung:

```
Bilanz     Änderungen                    Gewinnauswirkung
           01       02       03          + 01   -   + 02   -     + 03    -
Kfz     siehe oben                         1.462           75           1.387
UStVK - 1.400  - 1.400  - 1.400
           -       -     +   860
        - 1.400  - 1.400  -  540          1.400    Ø                      860
Einlage siehe oben                                              4.000
                                        + 2.862         - 75  4.000 2.247
                                                                    + 1.753
```

PROBE

Richtige Buchungen:

```
01: Kfz                       10.000
    UStVK (Vorsteuer)          1.400  an Bank            11.400
    Kfz                        1.500
    UStVK (Vorsteuer)            165  an Bank             1.665
    AfA                        1.438  an Kfz             1.438
02: AfA                        2.875  an Kfz             2.875
03: AfA                        2.156  an Kfz             2.156
    Bank                       7.000  an Kfz             5.031
                                      UStVK
                                      (USt-Schuld         860
                                      a.o. Ertrag       1.109
```

Darstellung anhand von T-Konten (BV = Bilanzvortrag):

Firma: Kraftfahrzeuge | Bank

01:	1) 11.400	3) 2.800		Bil. 13.065	1) 11.400
		Bil. 8.600			2) 1.665
02:	BV 8.600	4) 2.800		Bil. 13.065	BV 13.065
		Bil. 5.800			
03:	BV 5.800	5) 2.800		6) 7.000	BV 13.065
		6) 3.000		Bil. 6.065	

Bp: Kraftfahrzeuge | Bank

01:	1) 10.000	3) 1.438		Bil. 13.065	1) 11.400
	2) 1.500	Bil. 10.062			2) 1.665
02:	BV 10.062	4) 2.875		Bil. 13.065	BV 13.065
		Bil. 7.187			
03:	BV 7.187	5) 2.156		6) 7.000	BV 13.065
		6) 5.031		Bil. 6.065	

Änderungen:

01: + 1.462 ⎫
02: + 1.387 ⎬ Erhöhung eines Aktivpostens
03:    Ø   ⎭ keine Änderung

01: ⎫
02: ⎬ keine Änderung
03: ⎭

Firma: UStVK (als Schuldkto.) | Einlage

01:	2) 165	Bil. 165		
02:	BV 165	Bil. 165		
03:	BV 165	Bil. 165	Kap. 4.000 (Bil.)	6) 4.000

Bp: UStVK (als Schuldkto.) | Einlage

01:	1) 1.400		
	2) 165	Bil. 1.565	
02:	BV 1.565	Bil. 1.565	
03:	BV 1.565	6) 860	
		Bil. 705	

Überprüfung der Buchungen der Firma

Änderungen:

O1:	− 1.400	Verminderung eines Passivpostens	O1:	∅	keine Änderung
O2:	− 1.400		O2:	∅	
O3:	− 540		O3:	− 4.000	Verminderung der Einlagen (Kap.Kto)

Firma: AfA   Reparatur

O1:	3)	2.800	GuV	2.800		2)	1.500	GuV	1.500
O2:	4)	2.800	GuV	2.800					
O3:	5)	2.800	GuV	2.800					

Bp: AfA   Reparatur

O1:	3)	1.438	GuV	1.438
O2:	4)	2.875	GuV	2.875
O3:	5)	2.156	GuV	2.156

Änderungen:

O1:	− 1.362	Verminderung			Verminderung eines Aufwandskontos
O2:	+ 75	Erhöhung	O1:	− 1.500	
O3:	− 644	Verminderung eines Aufwandskontos	O2:	∅	keine Änderung
			O3:	∅	

Firma: a.o. Ertrag

O1:		
O2:		
O3:		

Bp: a.o. Ertrag

O1:				
O2:				
O3:	GuV	1.109	6)	1.109

Änderungen:

O1: ∅
O2: ∅ } keine Änderung
O3: + 1.109   Erhöhung eines Ertragskontos

Darstellung durch Gegenüberstellung der Änderungen:

```
Bilanz          Änderungen                      Gewinnauswirkung
                 01        02        03       +  01   -   +  02   -   +  03   -
Kraftfahrzeuge
lt. Bp:       + 10.062  + 7.187     -
lt. Fa.:      +  8.600  + 5.800     -
              ─────────────────────────
              +  1.462  + 1.387     -         1.462       1.387  1.462          1.387

Bank: ohne Änderung

UStVK (als Schuldkonto):
lt. Bp:       -  1.400  - 1.400  - 1.400
              -    165  -   165  -   165
              -        -         +   860
              ─────────────────────────
              -  1.565  - 1.565  -   705
lt. Fa.:      -    165  -   165  -   165
              ─────────────────────────
              -  1.400  - 1.400  -   540      1.400       1.400  1.400      540 1.400

Einlage:
lt. Bp:           -         -         -
lt. Fa.:          -         -     + 4.000
              ─────────────────────────
                  -         -     - 4.000
                                              ──────────────────────────────────────
                                           + 2.862     2.787  2.862      4.540  2.787
                                                                 4.000
                                                      -  75             + 1.753

GuV
AfA
lt. Bp:       +  1.438  + 2.875  + 2.156
lt. Fa.:      +  2.800  + 2.800  + 2.800
              ─────────────────────────
              -  1.362  +    75  -   644      1.362          75            644

Reparatur
lt. Bp:           -         -         -
lt. Fa.:      +  1.500      -         -
              ─────────────────────────
              -  1.500      -         -       1.500

a.o. Ertrag:
lt. Bp:           -         -     1.109
lt. Fa.:          -         -         -
              ─────────────────────────
                  -         -     + 1.109                                 1.109
                                              ──────────────────────────────────────
                                           + 2.862                   - 75 + 1.753
```

Überprüfung der Buchungen der Firma

Fall 11:

Firma X kaufte am 10.6.01 eine Maschine für 10.000 DM (zuzüglich gesondert in Rechnung gestellte USt von 14 % = 1.400 DM) und gab eine 4 Jahre alte, mit 1.000 DM zu Buch stehende Maschine zum gemeinen Wert von 2.000 DM in Zahlung. Die Rechnung des Lieferanten lautete:

```
1 Maschine Typ ...            10.000 DM
Reparaturarbeiten an ver-
schiedenen Maschinen           3.000 DM
                              13.000 DM
14 % USt                       1.820 DM
                              14.820 DM
```

Gutschrift:

```
1 gebrauchte Maschine  2.000
14 % USt                 280  2.280 DM
                             12.540 DM
                             =========
```

Der Betrag von 12.540 DM wurde im September 01 überwiesen.

Die Firma buchte:

01: Bei Lieferung der Maschine
    Maschinen   12.540 an Sonst. Verbindl. 12.540

    Bei Zahlung der Maschine
    Maschinen   12.540 an Bank   12.540
    AfA (20 %)   5.016 an Maschinen   5.016
02: AfA   5.016 an Maschinen   5.016
03: AfA   5.016 an Maschinen   5.016
    Sonst. Verbindl.   12.540 an Einlage   12.540

In der Schlußbesprechung wurde die Nutzungsdauer der Maschine auf 10 Jahre festgesetzt.

Lösung:

1. Es liegt ein Tausch mit Baraufgeld vor (vgl. auch Fall 9).

   Die Anschaffungskosten setzen sich zusammen aus:

   (1) dem gemeinen Wert des hingegebenen WG,
   (2) dem Baraufgeld für die Zahlung der neuen Maschine (ohne USt).

Beide Werte entsprechen auch hier dem Kaufpreis der neuen Maschine.

2. Die Aufwendungen für Instandhaltung an verschiedenen Maschinen sind Aufwendungen des Jahres, in dem sie entstanden sind, hier also des Jahres 01.

   Dem Sachverhalt ist nicht zu entnehmen, daß es sich bei den Aufwendungen um eine Generalüberholung einer Maschine handelt (dann wäre die Frage der Aktivierung der Kosten zu prüfen).

3. In Höhe des Unterschiedsbetrages zwischen der Gutschrift (= Erlös = 2.000 DM) und dem Buchwert (= 1.000 DM) entsteht in 01 ein a.o. Ertrag (= 1.000 DM).

4. Die in der Rechnung gesondert ausgewiesene Vorsteuer kann von der Umsatzsteuer abgezogen werden (= Verminderung der auf dem Konto "UStVK" verbuchten Umsatzsteuerschuld; § 15 Abs. 1 UStG; § 9b Abs. 1 EStG).

   Die in der Gutschrift ausgewiesene USt stellt für die Firma X eine Schuld dar (= Erhöhung der USt-Schuld und damit auch des UStVK).

5. Bei einer Nutzungsdauer von 10 Jahren ist die degressive AfA (= 30 %) die günstigste (= AfA vom jeweiligen Buchwert - § 7 Abs. 2 Satz 2 EStG; § 11b EStDV; Abschn. 43 Abs. 6 EStR). Im Jahr der Anschaffung kann die volle Jahres-AfA angesetzt werden (vgl. Abschn. 43 Abs. 9 Satz 3 EStR), da die Maschine in der ersten Hälfte des Wj angeschafft wurde.

<u>Entwicklung des Kontos "Maschinen"</u> (die in Klammer angeführten Zahlen beziehen sich auf die obigen Erläuterungen):

	lt. HB	lt. PB	Änderungen Bilanz	GuV
01: Buchwert der in Zahlung gegebenen Maschine	1.000	1.000		
Kaufpreis lt. Fa.	12.540		UStVK - 1.820 (4)	
bei Zahlung	12.540		01 - 03	Rep.+ 3.000 (2)
Kaufpreis lt. Bp:		10.000	Sonst.Verb. - 12.540 (1)	
Übertrag:	26.080	11.000	01 + 02	

Überprüfung der Buchungen der Firma 73

		lt. HB	lt. PB	Änderungen Bilanz	GuV
	Übertrag:	26.080	11.000		
	Abgang	-	1.000	UStVK + 280 (4)	a.o. Ertrag
	AfA lt. Fa.:	5.016		01 - 03	+ 1.000 (3)
	lt. Bp: 30 %				
	degr. von				
	10.000		3.000		AfA - 2.016 (5)
	31.12.01	21.064	7.000	Masch. - 14.064	
02:	AfA lt. Fa.:	5.016			
	lt. Bp: 30 %				
	degr. von				
	7.000		2.100		AfA - 2.916 (5)
	31.12.02	16.048	4.900	Masch. - 11.148	
03:	AfA lt. Fa.:	5.016		Sonst. Verb. ∅	
	lt. Bp: 30 %			Einlage	
	degr. von			- 12.540 (1)	
	4.900		1.470		AfA - 3.546 (5)
	31.12.03	11.032	3.430	Masch. - 7.602	

Auswirkungen:

Bilanz	Änderungen			Gewinnauswirkung						
	01	02	03	+ 01	-	+ 02	-	+ 03	-
Masch.	- 14.064	- 11.148	- 7.602		14.064	14.064	11.148	11.148	7.602
Sonst. Verb.	- 12.540	- 12.540	-	12.540		12.540	12.540		12.540
UStVK	- 1.820	- 1.820	- 1.820						
	+ 280	+ 280	+ 280						
	- 1.540	- 1.540	- 1.540	1.540		1.540	1.540	1.540	1.540
Einlage	-	-	- 12.540					12.540	
				14.080	14.064	28.144	25.228	25.228	21.682
				+ 16		+ 2.916		+ 3.546	

GuV								
AfA	- 2.016	- 2.916	- 3.546	2.016		2.916		3.546
Rep.	+ 3.000	-	-		3.000			
a.o. Ertr.	+ 1.000	-	-	1.000				
				3.016	3.000	+ 2.916		+ 3.546
				+ 16				

Oder (vereinfachte Form):

Bilanz	Änderungen			Gewinnauswirkung					
	01	02	03	+ 01 −		+ 02 −		+ 03 −	
Masch.	siehe oben				14.064	14.064	11.148	11.148	7.602
Sonst. Verb.	siehe oben			12.540		12.540	12.540		12.540
UStVK	− 1.820	− 1.820	− 1.820						
	+ 280	+ 280	+ 280						
	− 1.540	− 1.540	− 1.540	1.540		1.540	1.540	1.540	1.540
Einlage	siehe oben							12.540	
				14.080	14.064	28.144	25.228	25.228	21.682
				+ 884		+ 2.916		+ 3.546	

GuV

AfA	siehe oben			2.016		2.916		3.546	
Rep.	siehe oben				3.000				
a.o. Ertr.	siehe oben			1.000					
				3.016	3.000	+ 2.916		+ 3.546	
				+ 16					

Saldierte Darstellung

Bilanz	Änderungen			Gewinnauswirkung					
	01	02	03	+ 01 −		+ 02 −		+ 03 −	
Masch.	siehe oben				14.064	2.916		3.546	
Sonst. Verb.	siehe oben			12.540		∅			12.540
UStVK	− 1.820	− 1.820	− 1.820						
	+ 280	+ 280	+ 280						
	− 1.540	− 1.540	− 1.540	1.540		∅		12.540	∅
Einlage	siehe oben								
				14.080	14.064	+ 2.916		16.086	12.540
				+ 16				+ 3.546	

PROBE

Richtige Buchungen:

```
01: Maschinen                10.000     Maschinen                    1.000
    Reparaturen               3.000 an  Sonst. Verbindlichk.        12.540
    UStVK (Vorsteuer)         1.820     UStVK (USt-Schuld)             280
                                        a.o. Ertrag                  1.000
    Sonst. Verbindlichk.     12.540 an  Bank                        12.540
    AfA                       3.000 an  Maschinen                    3.000
```

Überprüfung der Buchungen der Firma 75

```
02: AfA      2.100 an Maschinen   2.100
03: AfA      1.470 an Maschinen   1.470
```

Darstellung anhand von T-Konten (BV = Bilanzvortrag):

Firma: Maschinen   Bank
```
01:    Vortr.  1.000  | 3)   5.016      Bil. 12.540 | 2)  12.540
       1)     12.540  | Bil. 21.064
       2)     12.540  |

02:    BV     21.064  | 4)   5.016      Bil. 12.540 | BV  12.540
                      | Bil. 16.048

03:    BV     16.048  | 5)   5.016      Bil. 12.540 | BV  12.540
                      | Bil. 11.032
```

Bp: Maschinen   Bank
```
01:    Vortr.  1.000  | 1)   1.000      Bil. 12.540 | 2)  12.540
       1)    10.000  | 3)   3.000
                      | Bil. 7.000

02:    BV      7.000  | 4)   2.100      Bil. 12.540 | BV  12.540
                      | Bil. 4.900

03:    BV      4.900  | 5)   1.470      Bil. 12.540 | BV  12.540
                      | Bil. 3.430
```

Änderungen:
```
01: - 14.064 ⎫  Verminderung     01: ⎫
02: - 11.148 ⎬  eines            02: ⎬  keine Änderung
03: -  7.602 ⎭  Aktivpostens     03: ⎭
```

Firma: Sonstige Verbindlichkeit   UStVK (als Schuldkonto)
```
01:    Bil. 12.540 | 1)  12.540
02:    Bil. 12.540 | BV  12.540
03:    6)   12.540 | BV  12.540
```

Bp: Sonstige Verbindlichkeit   UStVK (als Schuldkonto)
```
01:    2)   12.540 | 1)  12.540      1)  1.820 | 1)    280
                                                | Bil. 1.540
02:                                  BV  1.540 | Bil. 1.540
03:                                  BV  1.540 | Bil. 1.540
```

Darstellung der Mehr- und Wenigerrechnung

Änderungen:

O1: − 12.540 ⎫ Verminderung   O1: − 1.540 ⎫ Verminderung
               ⎬ eines   O2: − 1.540 ⎬ eines
O2: − 12.540 ⎭ Passivpostens O3: − 1.540 ⎭ Passivpostens
O3:   ∅   keine Änderung

Firma: Einlage   AfA

O1:				3)	5.016	GuV	5.016
O2:				4)	5.016	GuV	5.016
O3:	Kap. 12.540 (Bil.)	6)	12.540	5)	5.016	GuV	5.016

Bp: Einlage   AfA

O1:				3)	3.000	GuV	3.000
O2:				4)	2.100	GuV	2.100
O3:				5)	1.470	GuV	1.470

Änderungen: O1 und O2: keine Änderung

O1:   ∅   ⎧ Verminderung   O1: − 2.016 ⎫ Verminderung
O2:   ∅   ⎪ der Einlagen   O2: − 2.916 ⎬ eines
O3: − 12.540 ⎨ und damit des   O3: − 3.546 ⎭ Aufwands-
                 ⎪ Kapitalkontos   kontos
                 ⎩ in O3

Firma: Reparatur   a.o. Ertrag

O1:							
O2:							
O3:							

Bp: Reparatur   a.o. Ertrag

O1:	1)	3.000	GuV	3.000	GuV 1.000	1)	1.000
O2:							
O3:							

Überprüfung der Buchungen der Firma 77

Änderungen:

O1: + 3.000   Erhöhung eines   O1: + 1.000   Erhöhung
              Aufwandskontos   eines Er-
O2:   ∅ ⎫   tragskontos
O3:   ∅ ⎭   keine Änderung   O2:   ∅ ⎫   keine
                                      O3:   ∅ ⎭   Änderung

Darstellung durch Gegenüberstellung der Änderungen:

Bilanz	Änderungen			Gewinnauswirkung					
	O1	O2	O3	+ O1 −	+ O2 −	+ O3 −
Maschinen						
lt. Bp:	+ 7.000	+ 4.900	+ 3.430			
lt. Fa.:	+ 21.064	+ 16.048	+ 11.032			
	− 14.064	− 11.148	− 7.602	14.064 14.064	11.148 11.148	7.602
Bank: ohne Änderung						
Sonst. Verbindlichkeit						
lt. Bp:	−	−	−			
lt. Fa.:	+ 12.540	+ 12.540	−			
	− 12.540	− 12.540	−	12.540	12.540 12.540	12.540
UStVK (als Schuldkonto)						
lt. Bp:	− 1.820	− 1.820	− 1.820			
	+ 280	+ 280	+ 280			
	− 1.540	− 1.540	− 1.540			
lt. Fa.:	−	−	−			
	− 1.540	− 1.540	− 1.540	1.540	1.540 1.540	1.540 1.540
Einlage						
lt. Bp:	−	−	−			
lt. Fa.:	−	−	+ 12.540			
	−	−	− 12.540			12.540
				14.080 14.064	28.144 25.228	25.228 21.682
				+ 16	+ 2.916	+ 3.546
GuV						
AfA						
lt. Bp:	+ 3.000	+ 2.100	+ 1.470			
lt. Fa.:	+ 5.016	+ 5.016	+ 5.016			
	− 2.016	− 2.916	− 3.546	2.016	2.916	3.546
Übertrag:				2.016	2.916	3.546

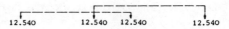
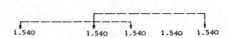
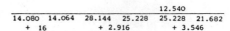

GuV·	Änderungen			Gewinnauswirkung					
	01	02	03	+ 01	−	+ 02	−	+ 03	−
Übertrag:				2.016		2.916		3.546	
Reparatur									
lt. Bp:	+ 3.000	−	−						
lt. Fa.:	−	−	−						
	+ 3.000	−	−			3.000			
a.o. Ertrag									
lt. Bp:	+ 1.000	−	−						
lt. Fa.:	−	−	−						
	+ 1.000	−	−	1.000					
				3.016		3.000 2.916		+ 3.546	
				+ 16					

Fall 12:

Firma X hat in 01 eine Forderung aus dem Jahr 00 in Höhe
von 3.420 DM gegen den Kunden K ohne triftigen Grund ausgebucht. Anfang 02 zahlte K die Forderung bar.

Firma X hat diesen Zahlungseingang nicht gebucht. Sie begründet es damit, daß der Inhaber der Firma Hilfslöhne in
entsprechender Höhe bezahlt habe. Belege konnten nur in Höhe von 2.000 DM vorgelegt werden. Außerdem konnte die Firma
nachweisen, daß dem Inhaber der Firma in 03 bisher nicht
gebuchte Reisekosten in Höhe von 1.500 DM entstanden sind.

Die Firma buchte:

01: Forderungsverluste
   (Abschreibung auf Forderungen) 3.000 an Forde-   3.420
   UStVK (USt-Schuld)   420   rungen

Lösung: Wirtschaftsgüter des Umlaufvermögens sind mit den
Anschaffungs- oder Herstellungskosten zu bewerten (§ 6 Abs.
1 Nr. 2 EStG), die Forderungen somit mit dem Nennwert.

Ein Unterschreiten dieses Wertes ist nur zulässig und muß
dann auch vorgenommen werden, wenn der Teilwert unter den
Anschaffungs- oder Herstellungskosten liegt (sog. Niederstwertprinzip; vgl. Abschn. 36 Abs. 1 letzter Satz EStR).

Überprüfung der Buchungen der Firma

Nach § 4 Abs. 4 EStG sind Betriebsausgaben die Aufwendungen, die durch den Betrieb veranlaßt sind. Diese Voraussetzung muß nachgewiesen (belegt) werden. Solange dieser Nachweis nicht geführt werden kann, können die Aufwendungen nicht als Betriebsausgaben berücksichtigt werden.

Im Fall 12 können als Betriebsausgaben anerkannt werden (die Frage der Lohnsteuer soll hier nicht erörtert werden):

    02   2.000 DM
    03   1.500 DM

In 02 liegt in Höhe von 1.420 DM eine Entnahme, in 03 in Höhe von 1.500 DM eine Einlage vor.

Entwicklung des Kontos "Forderungen" auf Grund dieses Geschäftsvorfalles:

	lt. HB	lt. PB	Änderungen Bilanz	GuV
01: Stand 1.1.	3.420	3.420		
Abgang lt. Fa.	3.420	-	UStVK + 420 01 - 03	Forderungsverl. - 3.000
31.12.01	-	3.420	Ford. + 3.420	
02: Abgang lt. Bp	-	3.420	Entn. + 1.420	Hilfslöhne + 2.000
31.12.02	-	-	Ford. ∅	
03: keine Änderung	-	-	Einlage + 1.500	Reisekosten + 1.500
31.12.03	-	-	Ford. ∅	

Auswirkungen:

Bilanz	Änderungen			Gewinnauswirkung					
	01	02	03	+ 01	-	+ 02	-	+ 03	-
Ford.	+ 3.420	-	-	3.420					
UStVK	+ 420	+ 420	+ 420		420	420	420	420	420
Entn.	-	+ 1.420				1.420			
Einl.	-	-	+ 1.500						1.500
				3.420	420	1.840	3.840	420	1.920
				+ 3.000		- 2.000		- 1.500	

Darstellung der Mehr- und Wenigerrechnung

```
Bilanz     Änderungen              Gewinnauswirkung
           01      02     03      + 01 -   + 02 -   + 03 -
GuV
Ford.
Verl.    - 3.000   -      -        3.000
Hilfsl.    -     + 2.000  -                  2.000
Reisek.    -       -    + 1.500                            1.500
                                 + 3.000   - 2.000   - 1.500
```

Richtige Buchungen:

```
02: Kasse           3.420  an Forderungen   3.420
    Hilfslöhne     2.000
    Entnahme       1.420  an Kasse          3.420

03: Reisekosten    1.500  an Einlage        1.500
```

Darstellung durch Gegenüberstellung der Änderungen:

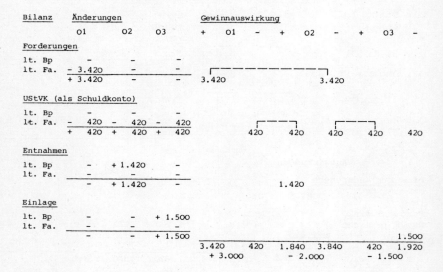

Überprüfung der Buchungen der Firma   81

GuV	Änderungen			Gewinnauswirkung					
	01	02	03	+ 01	−	+ 02	−	+ 03	−
Forderungsverluste									
lt. Bp	−	−	−						
lt. Fa.	+ 3.000	−	−						
	− 3.000	−	−	3.000					
Hilfslöhne									
lt. Bp	−	+ 2.000	−						
lt. Fa.	−	−	−						
	−	+ 2.000	−			2.000			
Reisekosten									
lt. Bp	−	−	+ 1.500						
lt. Fa.	−	−	−						
	−	−	+ 1.500					1.500	
				+ 3.000		− 2.000		− 1.500	

PROBE

Darstellung anhand von T-Konten (BV = Bilanzvortrag):

Firma: Forderungen   UStVK (als Schuldkonto)

01:	BV	3.420	1)	3.420	1)	420	Bil.	420
02:					BV	420	Bil.	420
03:					BV	420	Bil.	420

Bp: Forderungen   UStVK (als Schuldkonto)

01:	BV	3.420	Bil.	3.420				
02:	BV	3.420	1)	3.420				
03:								

Änderungen:

01:	+ 3.420	Erhöhung eines	01: + 420	}	Erhöhung eines
02:	∅	Aktivpostens	02: + 420		Passivpostens
03:	∅	in 01; 02 und			
		03: ohne Ände-			
		rung			

Darstellung der Mehr- und Wenigerrechnung

Firma:	Kasse		Entnahme	
O1:				
O2:				
O3:				

Bp:	Kasse		Entnahme	
O1:				
O2:	1) 3.420	2) 3.420	2) 1.420	Kap. 1.420 (Bil.)
O3:				

Änderungen:

O1: ∅ ⎫
O2: ∅ ⎬ ohne Änderung
O3: ∅ ⎭

O1: ∅   ⎫ Erhöhung der
O2: + 1.420 ⎬ Entnahme in O2;
O3: ∅   ⎭ O1 und O3: ohne Änderung

Firma:	Einlage		Forderungsverluste	
O1:			1) 3.000	GuV 3.000
O2:				
O3:				

Bp:	Einlage		Forderungsverluste	
O1:				
O2:				
O3:	Kap. 1.500 (Bil.)	3) 1.500		

Änderungen: O1 und O2: ohne Änderung

O1:	∅	Erhöhung	O1: - 3.000	Verminderung
O2:	∅	der Einlagen	O2: ∅	eines Auf-
O3:	+ 1.500	in O3	O3: ∅	wandspostens in O1; O2 und O3: ohne Änderung

Überprüfung der Buchungen der Firma   83

Firma: Hilfslöhne   Reisekosten
O1:
O2:
O3:

Bp: Hilfslöhne   Reisekosten
O1:
O2:   2) 2.000 | GuV 2.000
O3:   3) 1.500 | GuV 1.500

Änderungen: O1 und O3   O1 und O2
             ohne Änderungen   ohne Änderungen

O1:   ∅   ⎧ Erhöhung ei-   O1:   ∅ ⎫ ⎧ Erhöhung ei-
O2: + 2.000   ⎨ nes Aufwands-   O2:   ∅ ⎬ ⎨ nes Aufwands-
O3:   ∅   ⎩ postens in O2   O3: + 1.500 ⎭ ⎩ postens in O3

Auf Grund der bisherigen Darlegungen kann folgende Grundregel aufgestellt werden (vgl. hierzu auch S. 28 ff.):

1) Änderung von Bilanzposten

Die Änderung eines Bilanzpostens (abgesehen von "Entnahmen" und "Einlagen") am Ende eines Wj ergibt sich aus:

       Änderung am Anfang (= Änderung am Ende des vorange-
       des Wj   gangenen Wj)
+/./. Änderungen des laufenden Wj
  =   Änderung am Ende dieses Wj

Ist die Änderung der Bp am Ende des Wj höher als die Änderung der Firma, dann wird durch die Bp ein Aktiv- oder ein Passivposten gegenüber der bisherigen Bilanzierung erhöht (Änderung = +).

In diesem Fall sind bei einem Aktivposten die Sollbuchungen der Bp unter Berücksichtigung der Änderung Anfang und evtl. Habenbuchungen höher als die der Firma, wobei es offen bleiben kann, ob die Firma Sollbuchungen oder überhaupt Buchungen vorgenommen hat.

Überwiegen im obigen Fall bei der Bp die Habenbuchungen (wiederum unter Berücksichtigung der Änderung Anfang und hier evtl. Sollbuchungen), so sind diese betragsmäßig niedriger als die Habenbuchungen der Firma (saldiert betrachtet).

Umgekehrt liegen die Verhältnisse bei den Passivposten.

Eine Erhöhung der Änderung am Ende eines Wj stellt sich dadurch ein, daß die Habenbuchungen der Bp (unter Berücksichtigung der Änderung Anfang und evtl. Sollbuchungen) höher sind als die der Firma, wobei es auch hier dahingestellt bleiben kann, ob die Firma Habenbuchungen oder überhaupt Buchungen getätigt hat.

Überwiegen bei der Bp die Sollbuchungen (wiederum unter Berücksichtigung der Änderung Anfang und hier evtl. Habenbuchungen), so tritt dasselbe Ergebnis ein, wenn ihr Betrag niedriger ist als der der Sollbuchungen der Firma (saldiert betrachtet).

Wird dagegen ein Aktiv- oder Passivposten durch die Bp in der PB niedriger ausgewiesen als von der Firma in der HB/StB, d.h. ist die Änderung am Ende des Wj = ./., so ist dies darauf zurückzuführen, daß die Sollbuchungen (bei einem Aktivposten) oder die Habenbuchungen (bei einem Passivposten) der Bp - wenn überhaupt welche vorgenommen wurden - unter den oben dargelegten Voraussetzungen betragsmäßig niedriger sind als die Sollbuchungen (bei einem Aktivposten), bzw. die Habenbuchungen (bei einem Passivposten) der Firma oder
daß die Habenbuchungen (bei einem Aktivposten der Bp) bzw. die Sollbuchungen (bei einem Passivposten) wiederum unter den oben dargelegten Voraussetzungen betragsmäßig höher sind als die der Firma.

2) Änderung von GuV-Posten

Wiederholung: Im Gegensatz zu den Bilanzposten wirkt sich auf einem GuV-Konto die sich aus einer Buchung ergebende Änderung nur im Jahr der Buchung aus. Sie hat also keine Auswirkung auf das folgende Wj.

Überprüfung der Buchungen der Firma 85

Sind, saldiert betrachtet, die Änderungen der Bp auf einem Aufwands- oder Ertragskonto höher als die der Firma, so führt dies zu einer Erhöhung des Saldos auf diesem Konto (Posten), d.h. die Änderung ist = +. In diesem Fall sind

auf einem Aufwandskonto die Sollbuchungen und
auf einem Ertragskonto die Habenbuchungen der Bp

höher als die entsprechenden Buchungen der Firma, sofern diese überhaupt welche getätigt hat.

Sind dagegen die Änderungen der Bp betragsmäßig niedriger als die Änderungen der Firma, so vermindert sich auf dem betreffenden Konto der "Aufwand" oder der "Ertrag". In diesem Fall sind

auf einem Aufwandskonto die Sollbuchungen und
auf einem Ertragskonto die Habenbuchungen der Bp

betragsmäßig niedriger als die entsprechenden Buchungen der Firma. (Änderung = ./.).

3) Gewinnauswirkung nach der Bilanzmethode

Sind die Änderungen eines Bilanzpostens durch die Bp höher als die durch die Firma, so führt dies

bei einem Aktivposten zu einer Gewinnerhöhung,
bei einem Passivposten zu einer Gewinnminderung.

Sind die Änderungen eines Bilanzpostens durch die Bp niedriger als die durch die Firma, so führt dies

bei einem Aktivposten zu einer Gewinnminderung,
bei einem Passivposten zu einer Gewinnerhöhung.

4) Gewinnauswirkung nach der GuV-Methode

Sind die Änderungen eines GuV-Postens durch die Bp betragsmäßig höher als die der Firma, so führt dies

bei einem Aufwandskonto zu einer Gewinnminderung,
bei einem Ertragskonto zu einer Gewinnerhöhung.

Sind die Änderungen eines GuV-Postens durch die Bp betragsmäßig niedriger als die der Firma, so führt dies

bei einem Aufwandskonto zu einer Gewinnerhöhung,
bei einem Ertragskonto zu einer Gewinnminderung.

Oder:

5) Sind die Sollbuchungen der Bp nach der obigen Darstellung höher als die der Firma, so haben diese

nach der Bilanzmethode (= Änderung von Bilanzposten) eine Gewinnerhöhung oder eine Verlustminderung (= Erhöhung von Aktivposten oder Verminderung eines Passivpostens),

nach der GuV-Methode (= Änderung von GuV-Posten) eine Gewinnminderung oder eine Verlusterhöhung (= Erhöhung von Aufwandsposten oder Verminderung von Ertragsposten)

zur Folge.

6) Umgekehrt führen Habenbuchungen der Bp, die betragsmäßig höher sind als die der Firma

nach der Bilanzmethode zu einer Gewinnminderung oder Verlusterhöhung (= Verminderung eines Aktivpostens oder Erhöhung eines Passivpostens),

nach der GuV-Methode zu einer Gewinnerhöhung oder Verlustminderung (= Verminderung eines Aufwandspostens oder Erhöhung eines Ertragspostens).

7) Vereinfacht dargestellt führen die obigen Darlegungen zu folgendem Ergebnis:

	Änderungen	Gewinnauswirkung
Bilanzmethode		
<u>Sollbuchungen</u>		
auf Aktivposten	+	+
auf Passivposten	./.	+
<u>Habenbuchungen</u>		
auf Aktivposten	./.	./.
auf Passivposten	+	./.
GuV-Methode		
<u>Sollbuchungen</u>		
auf Aufwandsposten	+	./.
auf Ertragsposten	./.	./.
<u>Habenbuchungen</u>		
auf Aufwandsposten	./.	+
auf Ertragsposten	+	+

Überprüfung der Buchungen der Firma

Dieses Ergebnis gilt auch bei den sog. gemischten Konten. Diese stehen zwischen den Bestands- (reinen Bilanz-) Konten und den Erfolgs- (reinen GuV-) Konten. Ihr Saldo enthält sowohl einen Bestandteil (= Bilanzansatz) als auch einen Erfolgsteil (= Ausweis in der GuV-Rechnung). Bei den sog. gemischten Konten gibt es zwei Arten:

a) Den Bilanzansatz erhält man nach Errechnung des Erfolgsteils [Beispiel: Anlagevermögen: Anfangsbestand (= Bilanzansatz des vorangegangenen Jahres) + Zugang ./. Abgang ./. AfA (= Erfolgsteil) = Endbestand (= Bilanzansatz des laufenden Wj)]. Diese Art von gemischten Konten wurde bereits in den Fällen 4 - 11 besprochen.

b) Der Bilanzansatz wird durch eine Bestandsaufnahme ermittelt und der Erfolgsteil im Anschluß daran errechnet (Beispiele: Warenkonto, Delkrederekonto, Wertpapierkonto bei gemischter Kontenführung).

Beispiel zur Gruppe b)

Fall 13:

Firma X hat den Warenbestand in ihren Bilanzen zum 31.12.01, 31.12.02 und 31.12.03 wie folgt bewertet:

        01   10.000 DM
        02   5.000 DM
        03   12.000 DM

Durch die Bp wurden die Werte wie folgt berichtigt:

        01   15.000 DM
        02   8.000 DM
        03   10.000 DM

Lösung: Für die Waren (Rohstoffe) werden im allgemeinen zwei Konten geführt:

a) das Wareneinkaufskonto und
b) das Warenverkaufskonto.

Auf dem Wareneinkaufskonto werden erfaßt:

Soll	Wareneinkaufskonto	Haben
Anfangsbestand (1.1.)	Retouren an Gläubiger Lieferantenskonti Entnahmen Warenendbestand (31.12.)	

Der Unterschiedsbetrag zwischen der Soll- und Habenseite ergibt den Einkaufspreis der eingesetzten (verkauften) Ware, also den Wareneinsatz. Er wird somit errechnet aus:

```
    Warenbestand Anfang
 +  Zugang                        _____
./. Abgang
    (Retouren, Skonti, Ent-
    nahmen usw.)
./. Warenbestand Ende             _____
    Wareneinsatz
```

Auf dem Verkaufskonto werden verbucht:

Soll	Warenverkaufskonto	Haben
Warenrücksendungen von Kunden Kundenskonti	Warenverkauf (zum Verkaufspreis)	

Der Wareneinsatz kann übertragen werden:

a) auf das Warenverkaufskonto. Der auf diesem Konto dann verbleibende Habensaldo wird als Rohgewinn bezeichnet und in die GuV-Rechnung eingesetzt.

Überprüfung der Buchungen der Firma

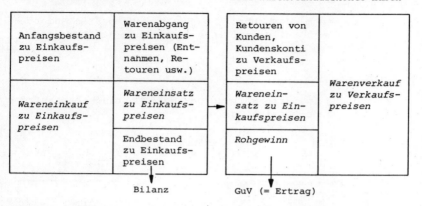

Man bezeichnet diese Abschlußform den *Nettoabschluß*.

b) in die GuV-Rechnung; in diesem Fall erscheint auf der Aufwandseite der GuV-Rechnung der Wareneinsatz und auf der Ertragseite der Warenverkauf (= Erlös).

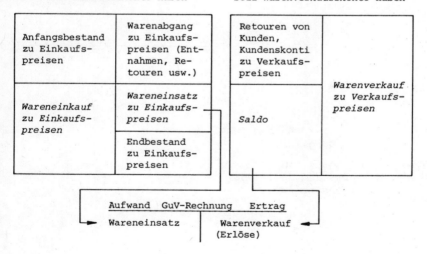

Man bezeichnet diese Abschlußform den Bruttoabschluß.

Treten in einem oder mehreren Wareneinkaufsposten Änderungen ein, so sind diese auf ihre Auswirkung auf den Wareneinsatz zu prüfen.

<u>Zurück zum Fall 13:</u>

Die Änderung in der Bewertung der Warenbestände hat auf den Gewinn folgende Auswirkung:

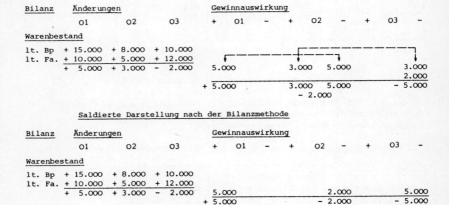

GuV

Nach der Formel:
    Warenbestand Anfang (WBA)
+   Warenzugang (WZ)   _____

./. Warenabgang (WA)
./. Warenbestand Ende (WBE)   _____
=   Wareneinsatz (WE)

Überprüfung der Buchungen der Firma   91

ändern sich in den Jahren 01 - 03 folgende Posten um

		Änderungen			Auswirkungen auf den WE im Jahr					
		lt. Fa.	lt. Bp		01		02		03	
					lt. Fa.	lt. Bp	lt. Fa.	lt. Bp	lt. Fa.	lt. Bp
WBA:	01	-	-	⎫	-	-	-	-	-	-
	02	-	+ 5.000	⎪	-	-	-	+ 5.000	-	-
	03	-	+ 3.000	⎪ Bilanzzusammenhang	-	-	-	-	-	+ 3.000
+ WZ		-	-	⎪	-	-	-	-	-	-
				⎬	-	-	-	+ 5.000	-	+ 3.000
- WA		-	-	⎪	-	-	-	-	-	-
- WBE	01	-	+ 5.000	⎪	-	- 5.000	-	-	-	-
	02	-	+ 3.000	⎪	-	-	-	- 3.000	-	-
	03	-	- 2.000	⎭	-	-	-	-	-	+ 2.000
= WE Änderung					-	- 5.000	-	+ 2.000	-	+ 5.000
Änderung lt. Bp:						- 5.000		+ 2.000		+ 5.000

Auswirkungen:

GuV	Änderungen			Gewinnauswirkung						
	01	02	03	+	01	-	+	02	-	+	03	-
Waren-einsatz	siehe oben			+ 5.000			- 2.000			- 5.000

PROBE

Darstellung anhand von T-Konten nach dem "Brutto-Abschluß":

Wie bei den bisherigen Fällen werden auch hier nur die Vorgänge dargestellt, bei denen sich durch die Bp Abweichungen ergeben. Der Warenzugang (Wareneingang) bleibt deshalb bei dieser Prüfung außer Ansatz. Aus diesem Grund wird der Wareneinsatz nur zu einem geringen Teil erfaßt, was zur Folge hat, daß er in einigen Jahren aus der "Sollseite" des Kontos" "Wareneinkauf" erscheint. Als Bestand am 1.1.01 werden 11.000 DM angenommen.
(BV = Bilanzvortrag; AB = Anfangsbestand).

Darstellung der Mehr- und Wenigerrechnung

Firma:

		Wareneinkauf				Wareneinsatz		
O1:	AB	11.000	WE (1)	1.000	1)	1.000	GuV	1.000
			Bil.	10.000				
O2:	BV	10.000	WE (2)	5.000	2)	5.000	GuV	5.000
			Bil.	5.000				
O3:	BV	5.000			GuV	7.000	3)	7.000
	WE (3)	7.000	Bil.	12.000				

Bp:

		Wareneinkauf				Wareneinsatz		
O1:	AB	11.000			GuV	4.000	1)	4.000
	WE (1)	4.000	Bil.	15.000				
O2:	BV	15.000	WE (2)	7.000	2)	7.000	GuV	7.000
			Bil.	8.000				
O3:	BV	8.000			GuV	2.000	3)	2.000
	WE (3)	2.000	Bil.	10.000				

Änderungen: Warenbestand

O1: + 5.000 ⎫ Erhöhung ⎧ eines   O1: − 5.000 ⎧ Vermin- ⎧ eines
O2: + 3.000 ⎭   ⎪ Aktiv-   ⎨ derung ⎪ Auf-
O3: − 2.000 ⎧ Vermin- ⎨ postens   O2: + 2.000 ⎫ Erhö-   ⎨ wands-
             ⎩ derung   ⎪ (Waren-   O3: + 5.000 ⎭ hung   ⎩ postens
                        ⎩ bestand)

Zum gleichen Ergebnis kommt man, wenn der Wareneingang berücksichtigt wird. Er soll unbestritten betragen:

           O1   160.000
           O2   160.000
           O3   170.000

Firma:

		Wareneinkauf				Wareneinsatz		
O1:	AB	11.000	WE (1)	161.000	1)	161.000	GuV	161.000
	Zug.	160.000	Bil.	10.000				
O2:	BV	10.000	WE (2)	165.000	2)	165.000	GuV	165.000
	Zug.	160.000	Bil.	5.000				
O3:	BV	5.000	WE (3)	163.000	3)	163.000	GuV	163.000
	Zug.	170.000	Bil.	12.000				

Überprüfung der Buchungen der Firma   93

Bp: Wareneinkauf   Wareneinsatz

O1: AB   11.000 | WE (1) 156.000   1) 156.000 | GuV 156.000
    Zug. 160.000 | Bil.   15.000

O2: BV   15.000 | WE (2) 167.000   2) 167.000 | GuV 167.000
    Zug. 160.000 | Bil.   8.000

O3: BV   8.000 | WE (3) 168.000   3) 168.000 | GuV 168.000
    Zug. 170.000 | Bil.   10.000

Änderungen: Warenbestand

O1: + 5.000   O1: - 5.000
O2: + 3.000   O2: + 2.000
O3: - 2.000   O3: + 5.000

Fall 14:

Firma X hat ihren Warenbestand wie folgt bewertet:

	O1	O2	O3
Einkaufspreis	20.000	15.000	25.000
./. Teilwertabschlag von 10 %	2.000	1.500	2.500
31.12.	18.000	13.500	22.500

Durch die Bp wurde festgestellt:

a) Ein Teilwertabschlag von 5 % in O1 und O2 und von 10 %
in O3 ist nur auf den Warenbestand für die ausgelaufene Produktion zulässig. Der Einkaufspreis dieses an den Bilanzstichtagen noch vorhandenen Warenbestandes beträgt:

        O1   15.000 DM
        O2   10.000 DM
        O3   5.000 DM

b) In O2 wurde der Warenbestand in einem Außenlager versehentlich nicht bewertet. Der Einkaufspreis des am 31.12.O2 vorhandenen Warenbestandes betrug 3.000 DM. Waren der auslaufenden Produktion waren Ende O2 in diesem Außenlager nicht vorhanden.

c) Auf dem Wareneinkaufskonto wurden folgende Vorfälle gebucht:

O1: Kauf eines Farbfernsehgerätes.
O2: Kauf einer Geschirrspülmaschine.

Beide Einkäufe betreffen den Inhaber der Firma. Sie wurden nach Angaben des Buchhalters der Firma deshalb über Wareneinkauf gebucht, weil die Rechnung auf die Firma ausgestellt war.

Gebucht wurde von der Firma:

01: Wareneinkauf	2.000		
(Wareneingang)		an Bank	2.280
UStVK (Vorsteuer)	280		
02: Wareneinkauf	1.500		
(Wareneingang)		an Bank	1.710
UStVK (Vorsteuer)	210		

Beide Geräte sind in den Warenendbeständen nicht enthalten. Der Warenanfangsbestand (1.1.01) betrug 15.000 DM.

Lösung:

a) Nach § 6 Abs. 1 Nr. 2 EStG sind die Waren mit den Anschaffungs- oder Herstellungskosten zu bewerten. Zu den Anschaffungskosten gehören:

1) der Kaufpreis,
2) die mit dem Kauf in unmittelbarem Zusammenhang stehenden Erwerbsnebenkosten (Einzelkosten, keine Gemeinkosten).

Anstatt der Anschaffungs- oder Herstellungskosten ist der niedrigere Teilwert anzusetzen (vgl. Abschn. 36 Abs. 1 EStR; sog. Niederstwertprinzip).

b) Der Warenbestand des Außenlagers erhöht den Warenstand zum 31.12.02.

c) Der Kauf des Fernsehgerätes in 01 und der Geschirrspülmaschine in 02 führt zu keinen Geschäftsvorfällen, da diese Rechtsgeschäfte nicht betrieblich veranlaßt wurden. In Höhe der Zahlungen liegen Entnahmen vor. Gleichzeitig ist die Vorsteuer entsprechend zu berichtigen (vgl. § 17 UStG). Dadurch erhöht sich die USt-Schuld.

Richtige Buchung:

01: Entnahme	2.280	an Bank	2.280
03: Entnahme	1.710	an Bank	1.710

Überprüfung der Buchungen der Firma

Bewertung des Warenbestandes lt. Bp:

	01	02	03
Einkaufspreis lt. Fa.	20.000	15.000	25.000
+ nicht erfaßter Warenbestand zum Einkaufspreis	–	3.000	–
	20.000	18.000	25.000
– Teilwertabschlag:			
5 % von 15.000	750		
5 % von 10.000		500	
10 % von 5.000			500
Warenbestand zum 31.12.			
lt. Bp	19.250	17.500	24.500
lt. Fa.	18.000	13.500	22.500
Änderungen	+ 1.250	+ 4.000	+ 2.000

Auswirkung:

Bilanz	Änderungen			Gewinnauswirkung					
	01	02	03	+ 01 –		+ 02 –		+ 03 –	
Warenbestand siehe oben				1.250		4.000	1.250	2.000	4.000
UStVK (als Schuldkonto)									
lt. Bp	–	–	–						
lt. Fa.	– 280	– 280	– 280						
	–	–	– 210						
	– 280	– 280	– 490						
Änd.	+ 280	+ 280	+ 490						
Entn.	+ 2.280	–	+ 1.710	2.280				1.710	
				3.530	280	4.280	1.530	3.990	4.490
				+ 3.250		+ 2.750		– 500	

Darstellung der Mehr- und Wenigerrechnung

Saldierte Darstellung nach der Bilanzmethode:

Bilanz	Änderungen			Gewinnauswirkung					
	O1	O2	O3	+ O1 −		+ O2 −		+ O3 −	
Waren-bestand	+ 1.250	+ 4.000	+ 2.000	1.250			2.750		2.000
UStVK (als Schuldkonto)									
lt. Bp	−	−	−						
lt. Fa.	− 280	− 280	− 280						
	−	−	− 210						
	− 280	− 280	− 490						
Änd.	+ 280	+ 280	+ 490		280	Ø			210
Entn.	+ 2.280	−	+ 1.710	2.280				1.710	
				3.530	280 +	2.750		1.710	2.210
				+ 3.250				− 500	

GuV

<u>Wareneinsatz</u>

1) Die Änderungen der Waren-Endbestände führen zu Änderungen der Waren-Anfangbestände des jeweils folgenden Wj (O2 und O3 - Bilanzzusammenhang).

2) Die Behandlung des Kaufs des Farbfernsehgerätes (O1) und der Geschirrspülmaschine (O3) als private Vorgänge vermindert in den beiden Jahren den Wareneingang (Zugang).

In der Formel:
    Warenbestand Anfang (WBA)
      + Warenzugang (WZ)

      ./. Warenabgang (WA)
      ./. Warenbestand Ende (WBE)
      = Wareneinsatz

ändern sich folgende Posten:

O1: Warenzugang (Farbfernsehgerät)
    Warenbestand Ende

O2: Warenbestand Anfang
    Warenbestand Ende

O3: Warenbestand Anfang
    Warenzugang (Geschirrspülmaschine)
    Warenbestand Ende

Überprüfung der Buchungen der Firma 97

Diese Änderungen wirken sich auf den Wareneinsatz wie folgt aus:

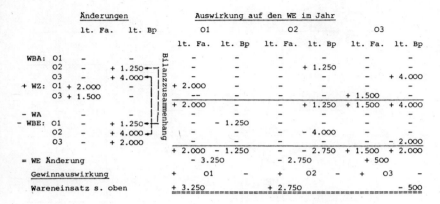

PROBE

Darstellung anhand von T-Konten nach dem "Brutto-Abschluß":

Firma:	Bank				UStVK (Schuldkonto)			
01:	Bil.	2.280	1)	2.280	1)	280	Bil.	280
02:	Bil.	2.280	BV	2.280	BV	280	Bil.	280
03:	Bil.	3.990	BV	2.280	BV	280	Bil.	490
			4)	1.710	4)	210		

Bp:	Bank				UStVK (Schuldkonto)			
01:	Bil.	2.280	2)	2.280				
02:	Bil.	2.280	BV	2.280				
03:	Bil.	3.990	BV	2.280				
			5)	1.710				

Änderungen:

01: ∅ }
02: ∅ } ohne Änderung
03: ∅ }

01: + 280 } Erhöhung
02: + 280 } eines
03: + 490 } Passivpostens

Darstellung der Mehr- und Wenigerrechnung

Firma:	Wareneinkauf			Wareneinsatz			
01:	AB 15.000 Zug.(1) 2.000 WE (2) 1.000	Bil.	18.000	GuV	1.000	2)	1.000
02:	BV 18.000	WE (3) Bil.	4.500 13.500	3)	4.500	GuV	4.500
03:	BV 13.500 Zug.(4) 1.500 WE (5) 7.500	Bil.	22.500	GuV	7.500	5)	7.500

Bp:	Wareneinkauf			Wareneinsatz			
01:	AB 15.000 WE (1) 4.250	Bil.	19.250	GuV	4.250	1)	4.250
02:	BV 19.250	WE (3) Bil.	1.750 17.500	3)	1.750	GuV	1.750
03:	BV 17.500 WE (4) 7.000	Bil.	24.500	GuV	7.000	4)	7.000

Änderungen:

Warenbestand

01: + 1.250 ⎫
02: + 4.000 ⎬ Erhöhung eines Aktivpostens
03: + 2.000 ⎭ (Warenbestand)

                                            Wareneinsatz

01: − 3.250 ⎫ Verminderung ⎫
02: − 2.750 ⎬   ⎬ eines Aufwandspostens
03: +   500 ⎭ Erhöhung   ⎭

Firma:	Entnahme		
01:			
02:			
03:			

Überprüfung der Buchungen der Firma

Bp:	Entnahme		
01: 2) 2.280	Kap. (Bil.)	2.280	
02:			
03: 5) 1.710	Kap. (Bil.)	1.710	

Änderungen:

01: + 2.280 ⎫ Erhöhung der
02:     ∅   ⎬ Entnahmen
03: + 1.710 ⎭ = Verminderung des Kapitalkontos
                   02 ohne Änderung

Hinsichtlich der Entwicklung des Kontos "Wareneinsatz" wird auf die Ausführungen im Fall 13 (S. 88 ff.) verwiesen.

Fall 15:

Firma X hat den Warenbestand wie folgt bewertet:

	01	02	03
Einkaufspreis	20.000	15.000	25.000
./. Teilwertabschlag von 10 %	2.000	1.500	2.500
31.12.	18.000	13.500	22.500

Durch die Bp wurde festgestellt:

a) Die am 31.12.01 auf dem Transport befindliche Ware (rollende Ware) zum Anschaffungspreis von 7.000 DM (zuzüglich gesondert in Rechnung gestellte USt von 14 % = 980 DM) ging am 3.1.02 bei der Firma ein. Sie wurde weder in der Inventur noch in der Bilanz (Inventar) zum 31.12.01 erfaßt. Die auf den 31.12.01 datierte Rechnung des Lieferanten wurde nach Eingang (am 10.01.02) in 02 gebucht:

02: Wareneingang   7.000
    (Wareneinkauf)
    UStVK (Vorsteuer)   980   an Bank   7.980

Nach den Feststellungen der Bp war die Gefahr des zufälligen Untergangs am 31.12.01 auf die Firma X übergegangen.

b) Ein Teilwertabschlag wurde von der Bp nicht zugelassen, da es sich um ausschließlich neue und gängige Ware gehandelt hat.

c) In der Vor-Bp wurden Warenentnahmen auf jährlich 1.000 DM festgelegt. Daran hat sich die Firma auch im Prüfungszeitraum gehalten. Im Jahre 02 hat sie jedoch die Buchung vergessen und dieses Versäumnis in 03 nachgeholt.

Sie buchte im einzelnen:

01: Entnahmen   1.000 an Wareneingang
                       (Wareneinkauf)   1.000

03: Entnahmen   2.000 an Wareneingang
                       (Wareneinkauf)   2.000

Der Warenanfangsbestand (1.1.01) betrug 15.000 DM.

Lösung:

a) Nach § 6 Abs. 1 Nr. 2 EStG sind die Waren mit den Anschaffungs- oder Herstellungskosten zu bewerten. Im vorliegenden Fall entsprechen die Anschaffungskosten dem Einkaufspreis.

Der Ansatz zum Teilwert ist nicht zulässig, da dieser nicht niedriger ist als die Anschaffungskosten.

b) Mit der Versendung der Ware durch den Lieferanten (Verkäufer) geht das Risiko (die Gefahr) auf den Käufer (Firma X) über (vgl. § 447 BGB).

Die "rollende Ware" ist daher bereits in der Bilanz zum 31.12.01 zu berücksichtigen und auch die Rechnung in 01 zu buchen.

Da die USt erst in 02 berechnet wurde, ist in der Bilanz zum 31.12.01 ein Aktivposten "noch nicht verrechenbare Vorsteuer" zu bilden. Er ist in 02 über das Konto "UStVK" aufzulösen.

Überprüfung der Buchungen der Firma

Richtige Buchungen:

01: Wareneingang   7.000
    (Wareneinkauf)
    noch nicht verre-   an Verbindlichkeiten   7.980
    chenbare Vorsteuer   980

02: UStVK (Vorsteuer)   980 an noch nicht verre-
                                 chenbare Vorsteuer   980
    Verbindlichkeiten   7.980 an Bank   7.980

c) Die Entnahmen sind in dem Jahr zu buchen, in dem sie anfallen. Als Eigenverbrauch (§ 1 Abs. 1 Nr. 2a UStG) unterliegen sie der Umsatzsteuer.

Richtige Buchungen:

01: Entnahmen   1.140 an Wareneingang
                                 (Wareneinkauf)   1.000
                                 UStVK (USt-Schuld)   140

02: Entnahmen   1.140 an Wareneingang
                                 (Wareneinkauf)   1.000
                                 UStVK (USt-Schuld)   140

03: Entnahmen   1.140 an Wareneingang
                                 (Wareneinkauf)   1.000
                                 UStVK (USt-Schuld)   140

Bewertung des Warenbestandes lt. Bp:

	01	02	03
Einkaufspreis lt. Fa.	20.000	15.000	25.000
+ nicht erfaßter Warenbestand (rollende Ware)	7.000	–	–
Warenbestand lt. Bp	27.000	15.000	25.000
lt. Fa.	18.000	13.500	22.500
Änderungen	+ 9.000	+ 1.500	+ 2.500

Darstellung der Mehr- und Wenigerrechnung

Auswirkung:

Bilanz	Änderungen			Gewinnauswirkung					
	01	02	03	+ 01 −		+ 02 −		+ 03 −	
Waren- bestand	siehe oben			9.000		1.500 9.000		2.500 1.500	
noch nicht verrechenbare Vorsteuer (n.n.v.V.)									
lt. Bp	+ 980	−	−						
lt. Fa.	−	−	−						
	+ 980	−	−	980				980	
Verbindlichkeiten									
lt. Bp	+ 7.980	−	−						
lt. Fa.	−	−	−						
	+ 7.980	−	−	7.980	7.980				
UStVK (als Schuldkonto)									
lt. Bp									
b)	−	− 980	− 980						
c)	+ 140	+ 140	+ 140						
	−	+ 140	+ 140						
	−	−	+ 140						
	+ 140	− 700	− 560						
lt. Fa.									
b)	−	− 980	− 980						
Änd.	+ 110	+ 220	+ 330	140	140	280	280	420	
Entnahmen									
lt. Bp	+ 1.140	+ 1.140	+ 1.140						
lt. Fa.	+ 1.000	−	+ 2.000						
	+ 140	+ 1.140	− 860	140		1.140			860
				10.120	8.120	10.760	10.260	2.780	2.780
				+ 2.000		+ 500		∅	

Oder (saldiert):

Bilanz	Änderungen			Gewinnauswirkung					
	01	02	03	+ 01 −		+ 02 −		+ 03 −	
Waren- bestand	+ 9.000	+ 1.500	+ 2.500	9.000		7.500	1.000		
n.n.v.V.	+ 980	−	−	980			980		
Verb.	+ 7.980			7.980	7.980				
UStVK	+ 140	+ 280	+ 420	140			140		140
Entnahmen	+ 140	+ 1.140	− 860	140		1.140			860
				10.120	8.120	9.120	8.620	1.000	1.000
				+ 2.000		+ 500		∅	

GuV

Zu a) der Aufgabe:

Durch die Erfassung der "rollenden Ware" bereits in 01 erhöht sich in 01 der Warenzugang und der Warenendbestand um jeweils 7.000 DM. Auf den Wareneinsatz hat diese Vorverlegung keinen Einfluß.

Überprüfung der Buchungen der Firma   103

In 02 erhöht sich der Warenanfangsbestand (Bilanzzusammenhang), und es vermindert sich durch die Verlagerung dieses Vorgangs in das Jahr 01 der Warenzugang. Es bleiben daher auch diese Änderungen ohne Einfluß auf den Wareneinsatz.

Zu c) der Aufgabe:

Durch die richtige Erfassung der Warenentnahmen in 02 und 03 ändert sich der Warenabgang und damit auch der Wareneinsatz.

In der Formel:

        Warenbestand Anfang (WBA)
   + Warenzugang (WZ)
  ./. Warenabgang (WA)
  ./. Warenbestand Ende (WBE)
   = Wareneinsatz (WE)

treten danach in den einzelnen Posten folgende Änderungen ein:

01: Warenzugang (a) der Aufgabe),
    Warenbestand Ende (a) und b) der Aufgabe),

02: Warenbestand Anfang (a) und b) der Aufgabe; Bilanzzusammenhang)
    Warenzugang (a) der Aufgabe),
    Warenabgang (c) der Aufgabe),
    Warenbestand Ende (b) der Aufgabe),

03: Warenbestand Anfang (b) der Aufgabe),
    Warenabgang (c) der Aufgabe),
    Warenbestand Ende (b) der Aufgabe).

Darstellung anhand der obigen Formel:

		Änderungen		Auswirkung auf den WE im Jahr					
				01		02		03	
		lt. Fa.	lt. Bp	lt. Fa.	lt. Bp	lt. Fa.	lt. Bp	lt. Fa.	lt. Bp
WBA	02	-	+ 9.000	-	-	-	+ 9.000	-	-
	03	-	+ 1.500	-	-	-	-	-	+ 1.500
+ WZ:	01	-	+ 7.000	-	+ 7.000	-	-	-	-
	02	+ 7.000	-	-	-	+ 7.000	-	-	-
				-	+ 7.000	+ 7.000	+ 9.000	-	+ 1.500

Darstellung der Mehr- und Wenigerrechnung

				01	02		03	
Übertrag:			–	+ 7.000	+ 7.000	+ 9.000	–	+ 1.500
– WA 02		–	+ 1.000	–	–	– 1.000	–	–
03	+ 1.000	–	–	–	–	–	– 1.000	–
– WBE 01	–	+ 9.000	–	– 9.000	–	–	–	–
02	–	+ 1.500	–	–	–	– 1.500	–	–
03	–	+ 2.500	–	–	–	–	–	– 2.500
= WE Änderung				– 2.000	+ 7.000	+ 6.500	– 1.000	– 1.000
Gewinnauswirkung				– 2.000	– 500		Ø	
				+ 2.000	+ 500		Ø	

Firma:	Wareneinkauf			Wareneinsatz	
O1:	AB 15.000	1) 1.000	GuV 4.000	2) 4.000
	WE (2) 4.000	Bil. 18.000		
O2:	BV 18.000	WE (4) 11.500	4) 11.500	GuV 11.500
	3) 7.000	Bil. 13.500		
O3:	BV 13.500	5) 2.000	GuV 11.000	6) 11.000
	WE (6) 11.000	Bil. 22.500		

Bp:	Wareneinkauf			Wareneinsatz	
O1:	AB 15.000	3) 1.000	GuV 6.000	2) 6.000
	WE (2) 6.000			
	1) 7.000	Bil. 27.000		
O2:	BV 27.000	4) 1.000	5) 11.000	GuV 11.000
		WE (5) 11.000		
		Bil. 15.000		
O3:	BV 15.000	8) 1.000	GuV 11.000	9) 11.000
	WE (9) 11.000	Bil. 25.000		

PROBE

Darstellung anhand von T-Konten; nach dem "Brutto-Abschluß":
(AB = Anfangsbestand; BV = Bilanzvortrag)

Hinsichtlich der Entwicklung des Kontos "Wareneinkauf" und des Kontos "Wareneinsatz" wird auf die Ausführungen im Fall 13 (S. 88 ff.) verwiesen.

Firma:	Wareneinkauf			Wareneinsatz	
O1:	AB 15.000	1) 1.000	GuV 4.000	2) 4.000
	WE (2) 4.000	Bil. 18.000		
O2:	BV 18.000	WE (4) 11.500		

Überprüfung der Buchungen der Firma   105

Änderungen: Warenbestand

O1: + 9.000 ⎫ Erhöhung   O1: - 2.000 ⎫ Verminderung
O2: + 1.500 ⎬ eines   O2: -   500 ⎬ eines
O3: + 2.500 ⎭ Aktivpostens   ⎭ Aufwandspostens
            (Warenbe-   O3:   ∅   keine Änderung
            stand)

Firma:	n.n.v.V.		
O1:			
O2:			
O3:			

UStVK (als Schuldkonto)			
3	980	Bil.	980
BV	980	Bil.	980

Bp:	n.n.v.V.			
O1:	1)	980	Bil.	980
O2:	BV	980	6)	980
O3:				

UStVK (als Schuldkonto)			
Bil.	140	3)	140
6)	980	BV	140
		Bil.	700
BV	700	8)	140
		Bil.	560

Änderungen:

O1: + 980 ⎫ Erhöhung eines   O1: + 140 ⎫ Erhöhung
           ⎬ Aktivpostens   O2: + 280 ⎬ eines
O2:   ∅   ⎫   O3: + 420 ⎭ Passivpostens
O3:   ∅   ⎬ ohne Änderung

Firma:	Entnahmen			
O1:	1)	1.000	Kap.	1.000
			(Bil.)	
O2:				
O3:	5)	2.000	Kap.	2.000
			(Bil.)	

Verbindlichkeiten			

Bp:	Entnahmen			
O1:	3)	1.140	Kap.	1.140
			(Bil.)	
O2:	4)	1.140	Kap.	1.140
O3:	8)	1.140	Kap.	1.140
			(Bil.)	

Verbindlichkeiten			
Bil.	7.980	1)	7.980
7)	7.980	BV	7.980

Änderungen:

O1: +   140 ⎫ Erhö-   ⎫   O1: + 7.980 ⎫ Erhöhung
O2: + 1.140 ⎬ hung   ⎬ der   O2:   ∅   ⎬ eines Passiv-
O3: -   860   Vermin- Ent-   O3:   ∅   ⎭ postens
                       derung   nah-
                                men   ⎫ ohne Änderung

Firma:	Bank			Bp:	Bank		
O1:							
O2:	Bil.	7.980	3) 7.980	Bil.	7.980	7)	7.980
O3:	Bil.	7.980	BV 7.980	Bil.	7.980	BV	7.980

Änderungen:

O1: ∅ ⎫
O2: ∅ ⎬ ohne Änderung
O3: ∅ ⎭

Zum Wort "Änderungen"

Die bisherigen Ausführungen und Darstellung haben gezeigt, daß das Wort "Änderungen" mit "Bilanzänderung" nichts zu tun hat. Es ist vielmehr im Sinne einer wertmäßigen Abweichung eines Bilanzpostens in der HB/StB (der Firma) von dem betreffenden Posten in der PB zu verstehen. Setzt sich ein solcher Posten aus mehreren bewertungsfähigen Wirtschaftsgütern zusammen, so wird nur das Wirtschaftsgut oder werden die Wirtschaftsgüter untersucht, bei dem (denen) sich durch eine unterschiedliche Bewertung in der HB/StB (der Firma) und in der PB eine Änderung (Abweichung) ergibt. Die übrigen Wirtschaftsgüter interessieren in diesem Zusammenhang nicht.

Der Wertansatz in der PB resultiert somit aus dem Wertansatz in der HB/StB (der Firma) + / ./. Änderungen.

Die Darstellung dieser Änderung kann auf verschiedene Weise erfolgen:

1) Es wird dem Prinzip der Betriebsübersicht oder Abschlußtabelle gefolgt. Dort wird zwischen der Spalte "Summenbilanz" und den Spalten "Inventurbilanz" (= Bilanz i.S. §§ 38 ff. HGB bzw. §§ 238 ff. BiRiLiG) und "Erfolgsrechnung" (= Gewinn- und Verlustrechnung) die "Änderungsspalte eingefügt, in die die Abschlußbuchungen eingetragen werden.

Überprüfung der Buchungen der Firma   107

Entsprechend wird zwischen die Spalte "HB/StB" und die
Spalte "PB" die Spalte "Änderungen" (auch "Veränderungen"
oder "Abweichungen" genannt) aufgenommen. Der Wertansatz in
der Spalte "HB/StB" + / ./. den Änderungen in der Spalte
"Änderungen" ergibt den Wertansatz in der "PB".

Beispiel:

Aktiva HB/StB	HB/StB	Änderungen	PB	
31.12.00	31.12.01		31.12.01	usw.

2) Es wird auf eine zusätzliche Spalte "Änderungen" verzichtet. In diesem Falle muß bereits bei der Darstellung der Vorfälle in den einzelnen Tz. der Wertansatz der PB durch Änderung des Wertansatzes in der HB/StB um den Abweichungsbetrag ermittelt werden.

Beispiel:

Durch die Bp wurde festgestellt, daß die Wertansätze der in der HB/StB (der Firma) ausgewiesenen Wertpapiere wie folgt zu ändern sind:

Wertansatz in der HB/StB		Änderungen
zum 31.12.01	60.000	+ 15.000
zum 31.12.02	70.000	+ 5.000
zum 31.12.03	75.000	- 10.000

Wertansatz in der PB nach der sog. Bilanzmethode

	Bilanz	Änderungen			Gewinnauswirkung					
		01	02	03	+ 01	-	+ 02	-	+ 03	-
Wertpapiere		+ 15.000	+ 5.000	- 10.000	15.000		5.000		15.000	5.000
										10.000
Wertansatz lt. HB		60.000	70.000	75.000						
lt. PB		75.000	75.000	65.000	+ 15.000		5.000 - 10.000		15.000	- 15.000

Ändert sich ein Bilanzansatz auf Grund mehrere Feststellungen in verschiedenen Tz. (z.B. die USt), so werden die Änderungen gesammelt und am Schluß der Lösung mit dem Wertansatz in der HB/StB (der Firma) verglichen.

Unter "C" dieses Buches soll nun eine Übungsaufgabe besprochen werden, in der der buchhalterische, der buchhaltungstechnische Teil im Vordergrund steht.

Diese Aufgabe wird nach der Bilanz- und nach der GuV-Methode gelöst. Der Wertansatz in der PB wird einmal in den einzelnen Tz. und zum andern in der Anlage rechnerisch ermittelt.

C. Übungsaufgabe

I. Sachverhalt

1. Allgemeines

1. Die im Handelsregister eingetragene Firma Werner Floh stellt seit Jahren in K. Werkzeugmaschinen her.

Sie stellt ihre Handelsbilanzen (HB), die zugleich Steuerbilanzen (StB) sind, im Mai des folgenden Jahres auf.

Das Wirtschaftsjahr (Wj) entspricht dem Kalenderjahr.

Für die Jahre 00 – 03 hat die Firma die in Anlage 1 in vereinfachter Form wiedergegebenen HB/StB eingereicht. Die ausgewiesenen Gewinne betrugen:

01	120.800 DM
02	132.700 DM
03	82.600 DM.

Das Finanzamt hat die erklärten Gewinne den Veranlagungen zugrundegelegt und die Veranlagungen gemäß § 164 Abs. 1 AO 1977 unter dem Vorbehalt der Nachprüfung durchgeführt.

Die Veranlagungen 00 und früher sind endgültig durchgeführt und bestandskräftig.

2. Am 15.7.04 wurde der Betriebsprüfer M beauftragt, bei der Firma Floh die Jahre 01 – 03 zu prüfen.

Nach seinen Feststellungen liegt im Prüfungszeitraum eine ordnungsmäßige Buchführung vor. Die Umsätze werden nach den allgemeinen Grundsätzen des Umsatzsteuergesetzes 1980 (UStG) versteuert (Regelbesteuerung). Sämtliche steuerpflichtige Umsätze unterliegen dem Steuersatz von 14 %. Die Firma hat in den Jahren 01 – 03 keine zur Versagung oder Aufteilung des Vorsteuerabzuges führende Umsätze ausgeführt.

Zur Ermittlung des zulässig niedrigsten Gewinns stellt die Firma den Antrag auf Bilanzänderung, sofern dies zur Erreichung dieses Zieles notwendig war und den Prüfungsfeststellungen nichts Entgegenstehendes zu entnehmen ist. Das Finanzamt hat zu den erforderlichen Bilanzänderungen seine Zustimmung erteilt.

3. Es ist zu unterstellen, daß die Wertansätze, die in den Prüfungsfeststellungen nicht erwähnt werden, den handels- und steuerrechtlichen Bestimmungen entsprechen.

2. Prüfungsfeststellungen

Durch die Bp wurden folgende Feststellungen getroffen:

Tz. 1 Umsatzsteuer

Die Firma führt für umsatzsteuerliche Zwecke mehrere Konten (Vorsteuer und USt-Schuld), die am Jahresende über ein Konto, das Umsatzsteuerverrechnungskonto (UStVK) abgeschlossen werden. Entsprechend werden die Buchungen der Firma als "UStVK (Vorsteuer)", "UStVK (USt-Schuld)" bezeichnet und das UStVK als Schuldkonto geführt.

Die aus den Feststellungen des Prüfers sich ergebenden Berichtigungen der USt-Schuld müssen noch beim Schuldkonto "UStVK" berücksichtigt werden.

Tz. 2 Anpassung an die PB zum 31.12.00

Bei der Prüfung der Jahre bis einschließlich 00 wurden durch die Betriebsprüfung (Bp) Feststellungen getroffen, die zu einer Abweichung der PB zum 31.12.00 von der HB/StB zum 31.12.00 führten:

a) Im Juni 00 kaufte die Firma ein an das Betriebsgrundstück angrenzendes, unbebautes Grundstück für 50.000 DM, die von ihr auf dem Konto "Grund und Boden" aktiviert wurden. Dieser Aktivposten wurde von der Bp um die von der Firma über das Aufwandskonto "Gebäudeaufwendungen" verbuchte Grunderwerbsteuer und die sonstigen Anschaffungsnebenkosten von zusammen 4.000 DM auf 54.000 DM erhöht.

b) Firma Floh hat im Mai 00 einen LKW gekauft und richtig gebucht. Der für diesen LKW für 5.100 DM (zuzüglich gesondert in Rechnung gestellte USt von 14 % = 714 DM) gekaufte Spezialaufbau wurde von ihr über das Konto "Reparaturen" bzw. "UStVK (Vorsteuer)" gebucht. Die Bp erhöhte die Anschaffungskosten des LKW um 5.100 DM und schrieb hierauf in 00 bei Zugrundelegung einer auch von der Firma angenommenen Nutzungsdauer (ND) des LKW von 3 Jahren 33 1/3 % = 1.700 DM ab.

c) Der Bilanzposten "Roh-, Hilfs- und Betriebsstoffe" wurde in der Bilanz zum 31.12.00 um 10.000 DM erhöht. Der Erhöhung lag ein Rechenfehler der Firma zugrunde.

d) Der Privatanteil der PKW-Nutzung wurde von der Bp um 1.200 DM auf 2.400 DM erhöht. Dadurch erhöhten sich die Privatentnahmen um 1.368 DM und die USt-Schuld um 168 DM (die USt-Schuld wird in Tu. 2e) behandelt).

e) Neben der USt-Schuld von 168 DM (Tz. 2d)) führten weitere Umsatzsteuerfehler zu einer Erhöhung der USt-Schuld um 1.332 DM. Um diese 1.500 DM wurde in der PB zum 31.12.00 das "UStVK (USt-Schuld)" erhöht. Die Firma zahlte diese 1.500 DM in 03 und buchte:

03: Betriebssteuern   1.500   an Bank   1.500

f) Die durch die Bp zu erwartende Gewerbesteuernachzahlung von 5.000 DM wurde mit der in der HB/StB zum 31.12.00 in Höhe von 7.000 DM als "Sonstige Forderungen" ausgewiesenen Überzahlung verrechnet. Der Restbetrag von 2.000 DM wurde von der Stadt F. in 03 überwiesen.

Die Firma buchte:

03: Bank   2.000   an a.o. Ertrag   2.000

Tz. 3 Grund und Boden

Im Mai 01 verkaufte die Firma ein vor 11 Jahren für 40.000 DM gekauftes und mit diesem Wert bilanziertes Grundstück für 80.000 DM. Das Grundstück wurde bis zum Verkauf betrieblich genutzt.

Die Firma buchte:

01: Bank   80.000   an Grund und Boden   80.000

Tz. 4 Fabrikgebäude

Ende Juni 03 stockte die Firma ihr vor 17 Jahren errichtetes bisher jährlich um 2 % abgeschriebenes Fabrikgebäude um ein drittes Stockwerk auf (im übrigen die einzige Investition in den Jahren 01 - 03). Der Antrag auf Baugenehmigung wurde Anfang Juni 03 gestellt. Die Arbeiten waren am 30.9.03 abgeschlossen. Ab diesem Zeitpunkt wurde auch dieser Gebäudeteil betrieblich genutzt.

Gleichzeitig ließ die Firma die Büroräume im Erdgeschoß renovieren. Die Rechnung des Generalunternehmers lautet (vereinfachte Darstellung):

Aufstockung des Gebäudes	100.000 DM
Instandsetzung der Büroräume	20.000 DM
	120.000 DM
14 % USt	16.800 DM
	136.800 DM

Die Firma buchte diesen Vorgang:

03: Gebäudeaufwendungen 120.000
    UStVK (Vorsteuer)   16.800   an Bank 136.800

Beim Gespräch mit dem Buchhalter erfährt der Prüfer, daß bei der Aufstockung des Gebäudes eigene Arbeitskräfte eingesetzt waren. Nach den vorhandenen Lohnzetteln werden die Lohnkosten auf 5.000 DM, die Gemeinkosten auf 100 % der Lohnkosten und die Verwaltungskosten auf 5 % der Herstellungskosten geschätzt. Die Firma kalkulierte und erzielte in 03 einen Gewinn von 10 % des Erlöses.

Die ND des massiven Fabrikgebäudes beträgt in 03 noch über 50 Jahre.

Tz. 5 Kraftfahrzeuge (Kfz)

Bei der Überprüfung der Bestandsverzeichnisse stellt der Prüfer fest, daß ein PKW Ende 02 fehlt. Dieser wurde Anfang 00 für 14.400 DM angeschafft und war in der Bilanz zum 31.12.00 mit einem Buchwert von 10.800 DM ausgewiesen.

Der Inhaber der Firma erklärte hierzu, daß dieser PKW am 30.11.02 für 6.840 DM an eine Privatperson verkauft wurde. 4.000 DM habe der Käufer noch in 02, den Rest im Jahre 03 bar bezahlt. Mit den 4.000 DM habe er - der Inhaber - eine noch nicht gebuchte Rechnung über die Reparatur des LKW in Höhe von 3.000 DM (zuzüglich gesondert in Rechnung gestellte USt von 14 % = 420 DM) bar bezahlt. Die restlichen 580 DM habe er seiner Ehefrau zu Weihnachten geschenkt.

Sachverhalt 113

Die 2.840 DM (= Restbetrag) habe er in 03 zum Kauf eines
Wohnzimmers für seine Tochter verwendet.

Der Buchhalter der Firma, der von diesem Vorgang nichts
wußte, buchte:

01: AfA   3.600 an Kfz   3.600
02: AfA   3.600 an Kfz   3.600
03: AfA   3.600 an Kfz   3.600

Tz. 6 Roh-, Hilfs- und Betriebsstoffe

Die Firma hat die Bestände zu Einkaufspreisen bewertet.
Durch die Bp wurden folgende Geschäftsvorfälle festgestellt:

a) Unter den Anfang 02 eingegangenen Rechnungen war eine
Rechnung über 10.000 DM (zuzüglich gesondert in Rechnung
gestellte USt von 14 % = 1.400 DM), nach deren Inhalt die
Ware bereits Ende 01 geliefert wurde. Eine Überprüfung des
Bestandsverzeichnisses bestätigt diese Vermutung. Die Ware
war auch im Inventar zum Einkaufspreis enthalten. Bezahlt
wurde die Rechnung in 02.

Die Firma buchte:

02: Wareneingang   10.000   an Bank   11.400
    UStVK (Vorsteuer)   1.400

b) In der Inventur zum 31.12.02 vermißte der Prüfer eine
Ware, die der Firma mit Rechnung vom 29.12.02 in Höhe von
5.000 DM (zuzüglich gesondert in Rechnung gestellte USt von
14 % = 700 DM) berechnet und von ihr noch in 02 bezahlt und
gebucht wurde.

Auf Befragen des Buchhalters erfährt er, daß sich die Lieferung verzögert hat. Die Ware sei erst am 8.1.03 versandt
worden und bei der Firma am 10.1.03 eingegangen.

Buchung der Firma:

02: Wareneingang   5.000   an Bank   5.700
    UStVK (Vorsteuer)   700

c) Bei der Besichtigung des Warenlagers kam der Prüfer an
den Abfällen (Schrott) vorbei und entdeckte wertvolles Ma-

terial. Der Buchhalter erklärte ihm hierzu, daß die Ware im
Dezember 03 geliefert und 03 durch vom Betriebsinhaber zu
vertretendes falsches Lagern für die Firma wertlos geworden
sei. Da die Rechnung über 8.000 DM (zuzüglich gesondert in
Rechnung gestellte USt von 14 % = 1.120 DM) erst in 04 eingegangen und auch bezahlt worden sei, habe er diesen Geschäftsvorfall in 04 gebucht.

Anfang Januar 04 sei für diese Ware ein (Brutto-)Erlös
(Schrottwert) von 1.710 DM erzielt worden.

Tz. 7 Unfertige und Fertigerzeugnisse

a) Im Jahre 01 erstellte Firma Floh für die Firma Lässig
eine Spezialmaschine für 15.000 DM. Als die Firma Lässig
kurz vor Fertigstellung der Maschine im November 01 in Zah-
lungsschwierigkeiten geriet, wurde der Vertrag im gegensei-
tigen Einvernehmen aufgelöst. Im Dezember 01 wurde die von
einem Gläubiger der Firma Lässig beantragte Eröffnung des
Konkursverfahrens mangels Masse abgelehnt.

Die Firma konnte die noch in 01 fertiggestellte Maschine im
Januar 02 verkaufen und erhielt dafür 11.400 DM.

Die Firma kalkulierte die Maschine wie folgt:

Materialeinzelkosten	4.000 DM
Materialgemeinkosten	200 DM
Fertigungseinzelkosten (Lohnkosten)	4.200 DM
Fertigungsgemeinkosten	4.200 DM
	12.600 DM
Verwaltungskosten 5 % rd.	600 DM
Vertriebskosten 2,5 % rd.	300 DM
	13.500 DM

Nach Angaben des Buchhalters sind von diesen Kosten 50 %
der Verwaltungs- und Vertriebskosten in 02 angefallen.

Die Firma buchte:

```
02:  Forderungen   11.400   an Erlös         11.400
     Bank          11.400   an Forderungen   11.400
```

Der durchschnittliche Unternehmergewinn betrug im Prüfungs-
zeitra-m 10 % des Verkaufspreises.

Sachverhalt

Die Maschine wurde in der Inventur nicht erfaßt.

b) Eine von der Firma Klug in 02 bestellte Maschine wurde im Dezember 03 fertiggestellt und von der Firma Klug abgenommen. Der Käufer zahlte auch noch in 03 den Rechnungsbetrag von 13.680 DM (in der Rechnung war die USt von 1.680 DM gesondert ausgewiesen). Da die Firma Klug diese Maschine wegen Umbauten erst im Januar 04 aufstellen konnte, bat sie die Firma Floh, die Maschine auf ihr - der Firma Klug - Risiko zu lagern. Firma Floh kam dieser Bitte nach.

Sie buchte:

01: Unfertige und Fertigerzeugnisse	10.000 an	Erlös Unfertige und Fertigerzeugnisse	10.000
Bank	13.680 an	Anzahlung Kunden	13.680

In der Bilanz zum 31.12.03 war die Maschine in der Position "Unfertig- und Fertigerzeugnisse" mit 10.000 DM angesetzt.

Nach den Unterlagen der Firma betragen:

die Herstellungskosten der Maschine	10.000
die Selbstkosten	10.800
der Verkaufspreis	12.000

Tz. 8 Rückstellungen

Die von der Firma gebildete Rückstellung setzt sich wie folgt zusammen:

	01	02	03
a) Prozeßkosten (Gegenbuchung: Prozeßkosten)	8.000	3.000	3.000
b) Garantierückstellung (Gegenbuchung: Aufwand für Garantiearbeiten)	80.000	100.000	70.000
	88.000	103.000	73.000

Zu a)

Firma Floh wurde im August 01 wegen Verletzung eines Patents verklagt. Sie bildete deshalb zum 31.12.01 eine Rück-

stellung in einer nicht zu beanstandenden Höhe von 8.000 DM.
In 02 schlossen die Parteien einen Vergleich. Die der Firma
endgültig entstandenen Kosten betragen 5.000 DM und wurden
in 02 bezahlt.

Die Firma buchte:

01: Prozeßkosten   8.000 an Rückstellungen   8.000
02: Rückstellungen   5.000 an Bank   5.000

Zu b)

Bei der Überprüfung der von der Firma gebildeten Rückstellung über die ihr entstandenen Garantiekosten hält die Bp
eine Rückstellung

    in 01 von   50.000 DM
    in 02 von   60.000 DM
    in 03 von   50.000 DM

für angemessen.

II. Aufgabe

1. Die Feststellungen des Prüfers sind auszuwerten. Die Abweichungen von der HB/StB in den einzelnen Textziffern (Tz.)
sind auf besonderen Bogen kurz zu erläutern.

Die Berichtigungen oder Änderungen der einzelnen Bilanzposten (ohne Kapitalkonten) sowie die Entnahmen und Einlagen
sind anzugeben. Etwaige Pfennigbeträge sind bis -,49 DM abzurunden, ab -,50 DM aufzurunden. Für die Prozentsätze gilt,
sofern sie nicht gesetzlich vorgeschrieben sind, entsprechendes.

Steuernachforderungen oder (und) Steuererstattungsansprüche
auf Grund der Feststellungen der Bp sind nur insoweit auszuweisen, als sie nach dem Umsatzsteuergesetz 1980 (UStG) entstanden sind. Die Veränderungen sind auf dem Konto "UStVK"
zu erfassen (vgl. Tz. 1 des Sachverhalts). Gegebenenfalls
ist ein Aktivposten zu bilden.

2. Es sind zum 31.12.01, 31.12.02 und 31.12.03 in den hierfür vorgesehenen Spalten der Anlage 1 Prüferbilanzen (BP)
aufzustellen. In den Spalten "Änderungen sind die Berichtigungen und Änderungen der Bilanzposten (einschl. Entnahmen

und Einlagen) einzeln unter Hinweis auf die Tz. der Erläuterungen einzutragen.

3. Jede Abweichung von der HB/StB ist am Schluß der betreffenden Tz. auf die betragsmäßige Auswirkung auf den Gewinn nach der Bilanz- und nach der GuV-Methode zu überprüfen.

4. Der Gewinn 01 - 03 lt. Bp ist nach der GuV-Methode zu ermitteln. Hierfür ist die Anlage 2 zu verwenden. Die betroffenen GuV-Posten müssen im einzelnen und betragsmäßig aus der Mehr- und Wenigerrechnung selbst oder aus den Erläuterungen ersichtlich sein.

5. Außerdem ist der Gewinn lt. Bp durch Vermögensvergleich zu errechnen.

Bilanzen der Firma Werner Floh

Aktiva	HB/StB 31.12.00 DM	HB/StB 31.12.01 DM	Tz.	Änderungen	PB 31.12.01 DM
Grund und Boden	150.000	70.000			
Fabrikgebäude	162.000	158.000			
Kraftfahrzeuge	180.000	120.000			
Übriges Anlagevermögen	420.000	350.000			
Roh-, Hilfs- u. Betriebsst.	30.000	40.000			
unfertige u. Fertigerz.	220.000	350.000			
Forderungen	350.000	280.000			
Sonstige Forderungen	7.000	7.000			
Übriges Umlaufvermögen	280.000	350.000			
	1.799.000	1.725.000			
Passiva					
Verbindlichkeiten	250.000	340.000			
Anzahlungen von Kunden	–	–			
UStVK (Schuldkonto)	2.000	1.000			
Rückstellungen	50.000	88.000			
Übrige Passiva	1.157.000	916.000			
Kapital	340.000	380.000			
	1.799.000	1.725.000			
Entnahmen	90.200	80.800			
Einlagen	–	–			

Anlage 1

HB/StB 31.12.02 DM	Tz.	Ände-rungen	PB 31.12.02 DM	HB/StB 31.12.03 DM	Tz.	Ände-rungen	PB 31.12.03 DM
70.000				70.000			
154.000				150.000			
70.000				20.000			
310.000				260.000			
20.000				30.000			
280.000				400.000			
300.000				380.000			
7.000				7.000			
260.000				240.000			
1.471.000				1.557.000			
270.000				420.000			
-				13.320			
-				1.000			
103.000				73.000			
748.000				707.680			
350.000				342.000			
1.471.000				1.557.000			
172.700				90.600			
10.000				-			

Anlage 2

Mehr- und Wenigerrechnung

	Tz.	+	O1	−	+	O2	−	+	O3	−

III. Lösung

Tz. 2 Anpassung an die BP zum 31.12.00

Zu a)

Die Aktivierung der Anschaffungsnebenkosten von 4.000 DM in der PB zum 31.12.00 führte zu einer Erhöhung des Bilanzpostens "Grund und Boden" und über die Gewinnerhöhung zu einer Erhöhung des Betriebsvermögens (BV) = Kapital zum 31.12.00 um 4.000 DM. Zur Herbeiführung des Bilanzzusammenhangs ist zu buchen:

00: 1.1.: Grund und Boden 4.000 an Kapital
                                   (oder quasi-   4.000
                                    Einlage)

Diese Erhöhung des Bilanzansatzes "Grund und Boden" um 4.000 DM zieht sich durch die Jahre 01 bis 03.

Auswirkungen:

Bilanz	Änderungen			Gewinnauswirkung					
	01	02	03	+ 01 -		+ 02 -		+ 03 -	
Grund und Boden									
	+ 4.000	+ 4.000	+ 4.000	4.000		4.000	4.000	4.000	4.000
Kapital oder quasi-Einlage									
	+ 4.000	-	-		4.000				
				4.000	4.000		∅		∅
					∅				

Oder (saldiert):

Grund und Boden								
	+ 4.000	+ 4.000	+ 4.000	4.000		∅		∅
Kapital oder quasi-Einlage								
	+ 4.000	-	-		4.000			
				4.000	4.000		∅	∅
					∅			

GuV: keine Änderung

PROBE

Gegenüberstellung der Änderungen der Bp und der Firma:

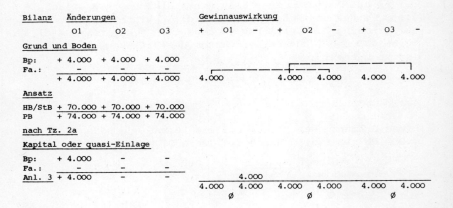

Bilanz	Änderungen			Gewinnauswirkung					
	01	02	03	+ 01 −	+ 02 −	+ 03 −
Grund und Boden									
Bp:	+ 4.000	+ 4.000	+ 4.000						
Fa.:	−	−	−						
	+ 4.000	+ 4.000	+ 4.000	4.000		4.000	4.000	4.000	4.000
Ansatz									
HB/StB	+ 70.000	+ 70.000	+ 70.000						
PB	+ 74.000	+ 74.000	+ 74.000						
nach Tz. 2a									
Kapital oder quasi-Einlage									
Bp:	+ 4.000	−	−						
Fa.:	−	−	−						
Anl. 3	+ 4.000	−	−		4.000				
				4.000	4.000	4.000	4.000	4.000	4.000
					∅		∅		∅

Darstellung anhand von T-Konten
(BV = Bilanzvortrag)

Firma: Grund und Boden   Kapital od. quasi-Einlage

01:							
02:							
03:							

Bp: Grund und Boden   Kapital od. quasi-Einlage

01:	1)	4.000	Bil.	4.000	Bil. (Kap.) 4.000	1)	4.000
02:	BV	4.000	Bil.	4.000			
03:	BV	4.000	Bil.	4.000			

Lösung

Änderungen:

01: + 4.000 ⎫ Erhöhung
02: + 4.000 ⎬ eines
03: + 4.000 ⎭ Aktivpostens

                01: + 4.000 ⎫ Erhöhung eines
                02:     Ø   ⎬ Passivpostens
                03:     Ø   ⎭ (Kapitalkonto)
                                     zum 1.1.01 =
                                     31.12.00
                                     (vgl. Anlage 3)

                02 und 03: ohne Änderung

Zu b)

Zur Herbeiführung des Bilanzzusammenhangs ist zu buchen:

01:   1.1.: Kraftfahrzeuge 3.400 an Kapital od.
                                quasi Einlage   3.400

Entwicklung dieser Änderung auf dem Konto "Kraftfahrzeuge":

		lt. HB	lt. PB	Änderungen Bilanz	GuV
01:	Stand 1.1. (5.100 ./. 1.700) –		3.400		
	AfA: 33 1/3 % von 5.100	–	1.700		AfA + 1.700
	31.12.01	–	1.700	Kfz + 1.700	
02:	AfA wie 1975	–	1.700		AfA + 1.700
	31.12.02	–	–	Kfz Ø	

Auswirkungen:

Bilanz	Änderungen			Gewinnauswirkung		
	01	02	03	+ 01 –	+ 02 –	+ 03 –
Kfz	s. oben			1.700	1.700	
Kapital od. quasi-Einlage						
	+ 3.400	–	.	3.400		
				1.700 3.400	– 1.700	Ø
				– 1.700		
GuV						
AfA	siehe oben			– 1.700	– 1.700	Ø

PROBE

Gegenüberstellung der Änderungen der Bp und der Firma:

Richtige Buchungen:

01:	1.1.: Kfz	3.400	an Kapital oder	
			quasi-Einlage	3.400
	AfA	1.700	an Kfz	1.700
02:	AfA	1.700	an Kfz	1.700

Bilanz	Änderungen			Gewinnauswirkung					
	01	02	03	+ 01 −		+ 02 −		+ 03 −	
Kraftfahrzeuge									
Bp:	+ 1.700	−	−						
Fa.:	−	−	−						
	+ 1.700	−	−	1.700			1.700		
Ansatz:									
HB/StB	+ 120.000	+ 70.000	+ 20.000						
PB	+ 121.700	+ 70.000	+ 20.000						
Kapital od. quasi-Einlage									
Bp:	+ 3.400	−	−						
Fa.:	−	−	−						
Anl. 3 +	3.400	−	−		3.400				
				1.700	3.400	− 1.700			∅
				− 1.700					
GuV									
AfA									
lt.Bp:	+ 1.700	+ 1.700	−						
lt.Fa.:	−	−	−						
	+ 1.700	+ 1.700	−	− 1.700		− 1.700			∅

Lösung

Darstellung anhand von T-Konten
(BV = Bilanzvortrag)

Firma:

	Kraftfahrzeuge			Kapital od.quasi-Einlage	
01:					
02:					
03:					

Bp:

	Kraftfahrzeuge				Kapital od.quasi-Einlage		
01:	AB 1)	3.400	2)	1.700	Bil.	1)	3.400
			Bil.	1.700	(Kap.) 3.400		
02:	BV	1.700	3)	1.700			
03:							

Änderungen:

01: + 1.700 ⎫ Erhöhung
02: ∅ ⎬ eines
03: ∅ ⎭ Aktivpostens

⎫ ohne Ände-
⎬ rung
⎭

01: + 3.400 ⎫ Erhöhung ei-
02: ∅ ⎬ nes Passiv-
03: ∅ ⎪ postens
⎪ (Kapitalkonto)
⎬ zum 1.1.01 =
⎪ 31.12.00
⎪ (vgl. Anlage
⎭ 3)

02 und 03: ohne Änderung

lt. Firma:

	AfA	
01:		
02:		
03:		

lt. Bp:

	AfA			
01:	2)	1.700	GuV	1.700
02:	3)	1.700	GuV	1.700
03:				

Änderungen:

01: + 1.700 ⎫ Erhöhung eines
02: + 1.700 ⎬ Aufwandspostens
03: ∅ ⎭ ohne Änderung

Zu c)

Zur Herbeiführung des Bilanzzusammenhangs ist zu buchen:

01: 1.1.: Roh-, Hilfs- u.Betriebsst. 10.000 an Kapital oder quasi Einlage 10.000

Nach der Formel:

      Warenbestand Anfang (WBA)
+ Warenzugang (WZ)   _____
./. Warenabgang (WA)
./. Warenbestand Ende (WBE)   _____
= Wareneinsatz (WE)

	treten nachstehende Änderungen		tritt folgende Auswirkung auf den WE ein im Jahr					
			01		02		03	
	HB	PB	HB	PB	HB	PB	HB	PB
WBA: 01:	–	+ 10.000	–	+ 10.000	–	–	–	–
+ WZ:	–	–	–	–	–	–	–	–
			–	+ 10.000	–	–	–	–
./. WA:	–	–	–	–	–	–	–	–
./. WBE:	–	–	–	–	–	–	–	–
= WE			–	+ 10.000	–	–	–	–
Änderungen			+ 10.000		∅		∅	

Auswirkungen:

Bilanz	Änderungen			Gewinnauswirkung					
	01	02	03	+ 01	–	+ 02	–	+ 03	–
Roh-, Hilfs- u. Betr.St.	keine Änderung								
Kapital od. quasi-Einlage									
Bp:	+ 10.000	–	–						
Fa.:	–	–	–						
Anl.3	+ 10.000	–	–	– 10.000		∅		∅	

GuV

Wareneins.	+ 10.000	–	–	– 10.000		∅		∅	

Lösung   127

PROBE

Darstellung anhand von T-Konten nach dem "Brutto-Abschluß":

(BV = Bilanzvortrag)

Firma:

	Roh-, Hilfs- und Betriebsstoffe (Wareneingang)		Kapital od.quasi-Einlage	
01:				
02:				
03:				

Bp:

	Roh-, Hilfs- und Betriebsstoffe (Wareneingang)		Kapital od.quasi-Einlage	
01:	1) 1.1. 10.000	2) WE 10.000 Bil. —	Bil. (Kap.) 10.000	1) 1.1. 10.000
02:				
03:				

Änderungen:

Roh-, Hilfs- und Betriebsstoffe

01: ∅ ⎫   01: + 10.000 ⎫ Erhöhung eines
02: ∅ ⎬ ohne Änderung 02:   ∅   ⎪ Passivpostens
03: ∅ ⎭   03:   ∅   ⎬ (Kapitalkonto)
                                   ⎪ zum 1.1.01 =
                                   ⎪ 31.12.00
                                   ⎭ (vgl. Anlage 3)
                      02 und 03: ohne Änderung

Firma: Wareneinsatz

01:		
02:		
03:		

Bp: Wareneinsatz

01:	2) WE 10.000	GuV 10.000
02:		
03:		

Änderungen:

O1: + 10.000 } Erhöhung eines Aufwandspostens
O2:   ∅   }
O3:   ∅   } ohne Änderung

Zu d)

Die Erhöhung des Privatanteils der PKW-Nutzung hat nur in Höhe der USt-Schuld eine Änderung (Verminderung) des BV 31. 12.00 zur Folge. Diese USt wird in Tz. 2e) behandelt.

Zu e)

Zur Herbeiführung des Bilanzzusammenhangs ist zu buchen:

O1: 1.1.: Kapital od. quasi-Entnahme   1.500 an UStVK (USt-Schuld)   1.500

Die Zahlung der USt-Schuld ist zu buchen:

O3: UStVK (USt-Schuld)   1.500 an Bank   1.500

Auswirkungen:

Bilanz	Änderungen			Gewinnauswirkung							
	O1	O2	O3	+	O1	−	+	O2	−	+	O3	−
UStVK	+ 1.500	+ 1.500	−		1.500		1.500		1.500		1.500
Kapital (od. quasi-Entnahme)	− 1.500	−	−	1.500							
(+ 1.500)				1.500	1.500	1.500	1.500	+	1.500
				∅		∅					

Oder (saldiert)

UStVK	+ 1.500	+ 1.500	−		1.500	∅	1.500
Kapital (od. quasi-Entnahme)	− 1.500	−	−	1.500			
(+ 1.500)				1.500	1.500	∅	+ 1.500
				∅			

GuV
Betriebssteuern

−   −   − 1.500   ∅   ∅   + 1.500

Lösung

PROBE

Gegenüberstellung der Änderungen der Bp und der Firma:

```
Bilanz     Änderungen                    Gewinnauswirkung
           01      02      03        +   01   -   +   02   -   +   03   -
UStVK (als Schuldkonto)
Bp:      + 1.500 + 1.500   -
Fa.:        -       -      -                ┌─────┐       ┌─────┐
s.Tz.9   + 1.500 + 1.500   -              1.500  1.500  1.500  1.500
Kapital (od. quasi-Entnahme)
Bp:      - 1.500    -      -
Fa.:        -       -      -
Anl.3    - 1.500    -      -          1.500
                                      1.500   1.500   1.500   1.500 + 1.500
                                             ∅              ∅

GuV
Betriebssteuern
Bp:         -       -      -
Fa.:        -       -    + 1.500
            -       -    - 1.500           ∅          ∅        + 1.500
                                      ===========================================
```

Darstellung anhand von T-Konten:

(BV = Bilanzvortrag)

Firma: Bank   UStVK (als Schuldkonto)
01: _____   _____
02: _____   _____
03: Bil. 1.500 | 1) 1.500   _____

Bp: Bank   UStVK (als Schuldkonto)
01: _____   Bil. 1.500 | 1) 1.500
02: _____   Bil. 1.500 | BV 1.500
03: Bil. 1.500 | 2) 1.500   2)   1.500 | BV 1.500

Änderungen:

O1: ∅ ⎫
O2: ∅ ⎬ ohne Änderung
O3: ∅ ⎭

O1: + 1.500 ⎫ Erhöhung eines
O2: + 1.500 ⎬ Passivpostens
O3:   ∅   ohne Änderung

Firma: Kapital od.quasi-Entnahme   Betriebssteuern

O1:			
O2:			
O3:		1) 1.500	GuV 1.500

Bp: Kapital od.quasi-Entnahme   Betriebssteuern

O1:	1) 1.1. 1.500	Bil. (Kap.) 1.500	
O2:			
O3:			

Änderungen:

O1: - 1.500 ⎫   Verminderung ei-   O1: ∅ ⎫ ohne
O2:   ∅   ⎬   nes Passivpostens   O2: ∅ ⎬ Änderung
O3:   ∅   (Kapitalkonto)   ⎫ Vermin-
                zum 1.1.01 =   ⎬ derung
                31.12.00   O3: - 1.500 ⎬ eines
                (vgl. Anlage 3   ⎬ Aufwands-
O2 und O3: ohne Änderung   ⎭ postens

Zu f)

Zur Herbeiführung des Bilanzzusammenhangs ist zu buchen:

O1: 1.1.: Kapital od. quasi-   5.000 an Sonstige   5.000
           Entnahme   Forderungen
O3: Bank   2.000 an Sonstige   2.000
                                          Forderungen

Lösung

Auswirkungen und Ermittlung des Ansatzes in der PB:

```
Bilanz    Änderungen                    Gewinnauswirkung
          01        02        03        +   01   -   +   02   -   +   03   -
Sonstige Forderungen
Bp:      - 5.000   - 5.000   - 7.000
Fa.:        -         -         -
         - 5.000   - 5.000   - 7.000        5.000   5.000   5.000   5.000   7.000
Ansatz:
HB/StB   + 7.000   + 7.000   + 7.000
PB       + 2.000   + 2.000      -
Kapital (od. quasi-Entnahme)
Bp:      - 5.000      -         -
Fa.:        -         -         -
Anl. 3   - 5.000      -         -     5.000
                                      5.000   5.000   5.000   5.000   5.000   7.000
                                              ∅               ∅              - 2.000

Oder (saldiert):

Sonstige Forderungen
Bp:      - 5.000   - 5.000   - 7.000
Fa.:        -         -         -
         - 5.000   - 5.000   - 7.000        5.000           ∅               2.000
Kapital (od. quasi-Entnahme)
Bp:      - 5.000      -         -
Fa.:        -         -         -
         - 5.000      -         -     5.000
                                      5.000   5.000           ∅              - 2.000
                                              ∅
GuV
a.o. Ertrag
Bp:         -         -         -
Fa.:        -         -      + 2.000
            -         -      - 2.000            ∅               ∅           - 2.000
```

PROBE

Darstellung anhand von T-Konten:

(BV = Bilanzvortrag; AB = Anfangsbestand)

Firma: Kapital od.quasi-   Sonstige
       Entnahme   Forderungen

			AB	7.000	Bil.	7.000
01:			BV	7.000	Bil.	7.000
02:			BV	7.000	Bil.	7.000
03:						

Bp: Kapital od.quasi-   Sonstige
       Entnahme   Forderungen

01:	1) 1.1. 5.000	Bil. (Kap.) 5.000	AB	7.000	1) Bil.	5.000 2.000
02:			BV	2.000	Bil.	2.000
03:			BV	2.000	2)	2.000

Änderungen:

Kapitalkonto

01: - 5.000 ⎫ Verminderung eines   01: - 5.000 ⎫ Vermin-
02:   ∅   ⎬ Passivpostens   02: - 5.000 ⎬ derung
03:   ∅   ⎟ (Kapitalkonto)   03: - 7.000 ⎟ eines
            ⎟ zum 1.1.01 =   ⎟ Aktiv-
            ⎟ 31.12.00   ⎠ postens
            ⎠ (vgl. Anlage 3)
02 und 03: ohne Änderung

quasi-Entnahme

01: + 5.000 ⎫ Erhöhung der Entnahme
02:   ∅   ⎬ = Verminderung des
03:   ∅   ⎠ Kapitals in 01

1976 und 1977: ohne Änderung

Firma: Bank   a.o. Ertrag

01:								
02:								
03:	1)	2.000	Bil.	2.000	GuV	2.000	1)	2.000

Lösung   133

Bp: Bank   a.o. Ertrag
                   | |
01:     _____|_____|_____
02:     _____|_____|_____
03:     2) 2.000 | Bil. 2.000 |

Änderungen:

01: Ø ⎫   01:   Ø ⎫
02: Ø ⎬ ohne Änderung   02:   Ø ⎬ ohne Änderung
03: Ø ⎭   ⎫ Verminderung ei-
                                    03: -2.000 ⎬ nes Ertrags-
                                             ⎭ postens

Zu Tz. 2a) bis 2f)

Bei den bisherigen Darstellungen wurden unter "Änderungen"
nur die Abweichungen zwischen der HB/StB und der PB am Ende
des Wirtschaftsjahres angegeben. Diese Abweichung wurde
einmal zur wertmäßigen Bestimmung der Positionen der PB be-
nötigt, zum andern bildete sie die Grundlage für die Ermittlung der Gewinnauswirkung. Es soll hier nochmals darauf
hingewiesen werden, daß sich die Abweichungen (Änderungen),
von den Entnahmen und Einlagen abgesehen, auch auf den Gewinn des folgenden Jahres mit umgekehrten Vorzeichen auswirken.

So gesehen gehört die Änderung des Anfangskapitals (1.1.)
des ersten geprüften Jahres nicht in die Rubrik "Änderungen", denn sie beeinflußt nicht das Endkapital. Sie beeinflußt aber den Gewinn des laufenden Wirtschaftsjahres, der
sich aus der Formel:

```
       BV (= Eigenkapital) Ende
 ./.   BV (= Eigenkapital) Anfang   _____
   +   Entnahmen
 ./.   Einlagen                     _____
   =   Gewinn
```
ergibt.

Um die Auswirkung der Änderung des Anfangskapitals (BV Anfang) in der PB auf den Gewinn des laufenden Jahres zu ermitteln, wird der Unterschiedsbetrag zwischen dem BV Ende
und dem BV Anfang in der HB/StB und der Unterschiedsbetrag

zwischen dem BV Ende und dem BV Anfang in der PB gegenübergestellt und die Abweichung in die Änderungsspalte des ersten geprüften Jahres eingesetzt.

Als Beispiele sollen Tz. 2a) und 2f) dienen.

		Tz. 2a)			Tz. 2f)	
01	HB/StB		PB	HB/StB		PB
BV Ende	380.000		380.000	380.000		380.000
./. BV Anfang	340.000	340.000		340.000	340.000	
+ Tz. 2a)		4.000	344.000			
- Tz. 2f)					5.000	335.000
	+ 40.000		+ 36.000	+ 40.000		+ 45.000

Änderung
d.Anfangs-
kapitals
(= BV Anf.)   + 4.000   - 5.000

Gewinnaus-
wirkung   - 4.000   + 5.000

Zum selben Ergebnis kommt man, wenn die Berichtigung nicht über das Kapitalkonto durchgeführt wird, sondern über die Konten "Entnahmen" (quasi-Entnahme) und "Einlagen" (quasi-Einlage). In Tz. 2a) erhöht sich dann die Einlage um 4.000 DM und in Tz. 2f) die Entnahme um 5.000 DM.

Die Auswirkungen sind in diesem Fall:

Bilanz	Änderung	Gewinnauswirkung
	01 +	01 -
Tz. 2a) Einlage	+ 4.000	4.000
Tz. 2f) Entnahme	+ 5.000	5.000

Im übrigen wird nochmals auf Anlage 3 verwiesen.

Tz. 3 Grund und Boden

Das Grundstück kann auf dem Konto "Grund und Boden" nur mit dem Buchwert (= 40.000 DM) abgesetzt werden. In Höhe des Unterschiedsbetrages zwischen dem Erlös (= 80.000 DM) und

Lösung   135

Buchwert (= 40.000 DM) werden stille Reserven aufgelöst;
diese brauchen jedoch nicht erfolgswirksam aufgelöst werden,
sondern es kann für sie eine § 6b-Rücklage in voller Höhe
gebildet werden (Wahlrecht; § 6b Abs. 1 Satz 1 letzter Halb-
satz, Abs. 3 Satz 1 EStG).

Entwicklung des Kontos "Grund und Boden" auf Grund dieses
Geschäftsvorfalles (also ohne Berücksichtigung der Tz. 2a):

```
                        lt. HB      lt. PB    Änderungen
                                              Bilanz          GuV
01: Stand 1.1.
    (= HB/StB 31.12.04) 150.000     150.000
    Abgang lt. Fa.:      80.000
           lt. Bp:                   40.000   § 6b-Rückl.
                                              + 40.000
                                              (01 - 03)
    31.12.01             70.000     110.000   Grund und Boden
                                                        + 40.000

02: keine Änderung         -           -
    31.12.02             70.000     110.000   Grund und Boden
                                                        + 40.000

03: keine Änderung         -           -
    31.12.03             70.000     110.000   Grund und Boden
                                                        + 40.000
```

Richtige und für die Firma günstigste Buchung:

01: Bank   80.000 an Grund und Boden   40.000
                        § 6b-Rücklage   40.000

Auswirkungen und Ermittlung des Ansatzes in der PB durch
Gegenüberstellung der Änderungen der Bp und der Fa.:

```
Bilanz   Änderungen              Gewinnauswirkung
           01        02       03      + 01  -   + 02  -   + 03  -
Grund und Boden
Bp:     - 40.000  - 40.000  - 40.000
Fa.:    - 80.000  - 80.000  - 80.000
        + 40.000  + 40.000  + 40.000   40.000    40.000 40.000   40.000  40.000
```

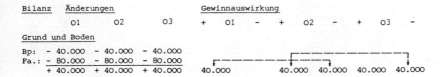

	Bilanz	Änderungen			Gewinnauswirkung					
		O1	O2	O3	+ O1 −	+ O2	−	+ O3	−
Übertrag:	+ 40.000	+ 40.000	+ 40.000	40.000		40.000	40.000	40.000	40.000
+ Tz. 2a									
	+ 4.000	+ 4.000	+ 4.000						
	+ 44.000	+ 44.000	+ 44.000						

Ansatz:
HB/StB
    + 70.000   + 70.000   + 70.000
PB: + 114.000 + 114.000 + 114.000

§ 6b-Rücklage
Bp: + 40.000   + 40.000   + 40.000
Fa.:   −   −   −
                                               ┌─────┐   ┌─────┐
nach Tz.4 + 40.000 + 40.000 + 40.000   40.000 40.000   40.000 40.000   40.000
                                        40.000 40.000 80.000 80.000 80.000 80.000
                                               ∅   ∅   ∅

Oder (saldiert)
Grund und Boden
    + 40.000   + 40.000   + 40.000   40.000   ∅   ∅
§ 6b-Rücklage
    + 40.000   + 40.000   + 40.000   40.000   ∅   ∅
                                        40.000 40.000   ∅   ∅
                                               ∅

GuV: Keine Änderung

PROBE

Darstellung anhand von T-Konten:

(BV = Bilanzvortrag)

Firma: Grund und Boden   Bank

O1:	Bil. 80.000	1)	80.000	1)	80.000	Bil.	80.000
O2:	Bil. 80.000	BV	80.000	BV	80.000	Bil.	80.000
O3:	Bil. 80.000	BV	80.000	BV	80.000	Bil.	80.000

Lösung

Bp: Grund und Boden   Bank

01:	Bil. 40.000	1) 40.000	1) 80.000	Bil. 80.000
02:	Bil. 40.000	BV 40.000	BV 80.000	Bil. 80.000
03:	Bil. 40.000	BV 40.000	BV 80.000	Bil. 80.000

Änderungen:

01: + 40.000 ⎫ Erhöhung   01: ∅ ⎫
02: + 40.000 ⎬ eines   02: ∅ ⎬ ohne Änderung
03: + 40.000 ⎭ Aktivpostens   03: ∅ ⎭

Firma: § 6b-Rücklage

01:	
02:	
03:	

Bp: § 6b-Rücklage

01:	Bil. 40.000	1) 40.000
02:	Bil. 40.000	BV 40.000
03:	Bil. 40.000	BV 40.000

Änderungen:

01: + 40.000 ⎫ Erhöhung
02: + 40.000 ⎬ eines
03: + 40.000 ⎭ Passivpostens

Tz. 4 Fabrikgebäude

Die im Zusammenhang mit der Aufstockung des Fabrikgebäudes
entstandenen Aufwendungen sind zu aktivieren (Abschn. 157
Abs. 3 Satz 2 i.V. mit Abschn. 24 EStR).

Auf die Herstellungskosten kann die § 6b-Rücklage (Tz. 3)
übertragen werden (§ 6b Abs. 1 Satz 2 Nr. 4, Abs. 3 Satz 2
EStG); Andernfalls müßte diese Rücklage zum 31.12.03 über
a.o. Ertrag aufgelöst werden (§ 6b Abs. 3 Satz 5 EStG).

Nach Abschn. 42a Abs. 1 Satz 1 Nr. 1 EStG richtet sich die
AfA nach dem für das Gebäude maßgebenden Hundertsatz (hier:
2 %). Auch im Jahr der Herstellung kann die volle Jahres-
AfA vorgenommen werden (Abschn. 42a Abs. 2 Satz 1 + 4 EStR).
Bemessungsgrundlage sind Herstellungskosten ./. übertragene
§ 6b-Rücklage (§ 6b Abs. 5 EStG).

Die Instandsetzungskosten für die Büroräume stellen Erhal-
tungsaufwand (Betriebsausgaben) dar. Die Aufwendungen stehen zwar in zeitlichem, aber nicht in räumlichem Zusammenhang mit den Aufstockungsaufwendungen (Abschn. 157 Abs. 4
Satz 2 i.V. mit Abschn. 24 EStR).

<u>Entwicklung des Kontos Fabrikgebäude, soweit sie die Auf-
stockung betrifft:</u>

	lt. HB	lt. PB	Änderungen Bilanz	GuV
03: Zugang	-	100.000		Geb. Aufw. - 100.000
Eigene Arbeiten				
Lohnkosten 5.000				
FGK 100 % 5.000	-	10.000		Erlös Eigen-
	-	110.000		arb.
- § 6b-Rücklage	-	40.000	§ 6b-Rückl.	+ 10.000
	-	70.000	- 40.000	
AfA: 2 % von				
70.000	-	1.400		AfA + 1.400
31.12.03	-	68.600	Fabr.Geb. + 68.600	

Auswirkungen:

Bilanz	Änderungen			Gewinnauswirkung					
	01	02	03	+ 01	-	+ 02	-	+ 03	-
Fabrik-gebäude	-	-	+ 68.600					68.600	
§ 6b-Rückl	-	-	- 40.000						40.000
				∅		∅		+ 108.600	
GuV									
AfA	-	-	+ 1.400						1.400
Geb-Aufw.	-	-	- 100.000					100.000	
Erlös Eigenarb.	-	-	+ 10.000					10.000	
				∅		∅		110.000	1.400
								+ 108.600	

Lösung

PROBE

Richtige Buchungen:

03: Fabrikgebäude   100.000
    Gebäudeaufwend.   20.000   an Bank   136.800
    UStVK (Vorsteuer)   16.800
    Fabrikgebäude   10.000   an Erlös Eigenarb.   10.000
    § 6b-Rücklage   40.000   an Fabrikgebäude   40.000
    AfA   1.400   an Fabrikgebäude   1.400

Gegenüberstellung der Änderungen der Bp und der Firma:

```
Bilanz    Änderungen                          Gewinnauswirkung
          01          02          03          +  01  -   +  02  -   +  03  -
Fabrikgebäude
Bp:        -           -        + 68.600
Fa.:       -           -           -
           -           -        + 68.600                                68.600
Ansatz:
HB/StB
       + 158.000   + 154.000   + 150.000
PB     + 158.000   + 154.000   + 218.600
§ 6b-Rücklage
Bp:        -           -        - 40.000
Fa.:       -           -           -
           -           -        - 40.000                                40.000
Tz.3 + 40.000    + 40.000    + 40.000
     + 40.000    + 40.000        -
Ansatz:
HB/StB     -           -           -
PB   + 40.000    + 40.000        -
                                               ∅           ∅        + 108.600
GuV
AfA
Bp:        -           -        +  1.400
Fa.:       -           -           -
           -           -        +  1.400                                 1.400
```

Übungsaufgabe

```
GuV         Änderungen            Gewinnauswirkung
            01    02    03      + 01  -  + 02  -  + 03  -
Übertrag:                                                   1.400
Gebäudeaufwendungen
Bp:         -     -   + 20.000
Fa.:        -     -   +120.000
            -     -   -100.000                   100.000
Erlös Eigenarbeiten
Bp:         -     -   + 10.000
Fa.:        -     -      -                                10.000
            -     -   + 10.000    ∅        ∅     110.000  1.400
                                                        + 108.600
```

Darstellung anhand von T-Konten:

(BV = Bilanzvortrag)

Firma:	Fabrikgebäude		Bank	
01:				
02:				
03:			Bil. 136.800	1) 136.800

Bp:	Fabrikgebäude		Bank	
01:				
02:				
03:	1) 100.000 2) 10.000	3) 40.000 4) 1.400 Bil. 68.600	Bil. 136.800	1) 136.800

Änderungen:

```
01:    ∅   ⎫                          01: ∅ ⎫
02:    ∅   ⎬ ohne Änderung            02: ∅ ⎬ ohne Änderung
03: +68.600⎫ Erhöhung eines           03: ∅ ⎭
           ⎭ Aktivpostens
```

Firma:	§ 6b-Rücklage		UStVK (als Schuldkonto)	
01:				
02:				
03:			1) 16.800	Bil. 16.800

Lösung

Bp: § 6b-Rücklage   UStVK (als Schuldkonto)

O1:
O2:
O3:   3)   40.000 | Bil.   40.000   1)   16.800 | Bil.   16.800

Änderungen:

O1:   ∅   } ohne Änderung   O1: ∅ }
O2:   ∅   }   O2: ∅ } ohne
O3:   - 40.000   } Verminderung ei-   O3: ∅ } Änderung
                   nes Passivpostens

Firma: Gebäudeaufwendungen   AfA

O1:
O2:
O3:   1) 120.000 | GuV 120.000

Bp: Gebäudeaufwendungen   AfA

O1:
O2:
O3:   1)   20.000 | GuV   20.000   4)   1.400 | GuV   1.400

Änderungen:

O1:   ∅   } ohne   O1:   ∅   } ohne
O2:   ∅   } Änderung   O2:   ∅   } Änderung
O3: - 100.000   } Verminderung   O3: + 1.400 } Erhöhung ei-
                   eines Auf-   nes Aufwands-
                   wandspostens   postens

Firma: Erlös Eigenarbeiten

O1:
O2:
O3:

Bp: Erlös Eigenarbeiten

O1:
O2:
O3:   GuV 10.000 | 2)   10.000

Änderungen:

O1:   ∅   ⎫
O2:   ∅   ⎬ ohne Änderung
O3: + 10.000 ⎭ Erhöhung eines Ertragspostens

Tz. 5 Kraftfahrzeuge (Kfz)

Beim Verkauf des Kfz werden die stillen Reserven aufgelöst (Abschn. 35 Abs. 1 Satz 3 EStR). Der Unterschiedsbetrag zwischen dem Erlös und dem Buchwert führt zu einem a.o. Ertrag oder einem a.o. Aufwand (Abschn. 35 Abs. 1 Satz 4 EStR).

Der Verkaufspreis ist noch um die Umsatzsteuer (12,28 %) zu kürzen. Zur Ermittlung des Buchwerts im Zeitpunkt der Veräußerung ist die AfA für die Zeit vom 1.1. bis 30.11.02 vom Buchwert am 31.12.01 abzuziehen. Allerdings ist das Ergebnis in diesem Falle dasselbe, wenn von der AfA in O2 abgesehen wird.

Die Reparaturaufwendungen für den LKW sind Betriebsausgaben.

Der für private Zwecke verwendete Geldbetrag (580 DM in O2 und 2.840 DM in O3) führt zu Entnahmen.

<u>Entwicklung des Kontos "Kfz" auf Grund dieses Vorgangs:</u>

		lt. HB	lt. PB	Änderungen Bilanz	GuV
O1:	Stand 1.1.	10.800	10.800		
	AfA: 25 % v. 14.400				
	= 33 1/3 % v. 10.800	3.600	3.600		
	31.12.01	7.200	7.200	Kfz ∅	
O2:	AfA lt. Fa.:	3.600			
	lt. Bp:				
	11 x 300 (11 Mon.)		3.300		AfA − 300
		3.600	3.900		
	Abgang	−	3.900	UStVK + 840	a.o. Ertr. + 2.100
				O2 + O3	
				UStVK − 420	Reparatur + 3.000
				O2 + O3	
				Ford. + 2.840	
				Entn. + 580	
	Übertrag	3.600	−	Kfz − 3.600	
	(= 31.12.02)				

Lösung 143

```
                          lt. HB    lt. PB    Änderungen
                                              Bilanz        GuV
        Übertrag:         3.600     -
03:     AfA lt. Fa.       3.600     -         Entn. + 2.840  AfA - 3.600
        31.12.03          -         -         Kfz    ∅
```

```
         Auswirkungen
Bilanz   Änderungen                Gewinnauswirkung
         01      02      03      + 01    -   +  02    -   +  03    -
Kfz      -     - 3.600    -                    3.600      3.600
Ford.    -     + 2.840    -              2.840                          2.840
UStVK    -     +   840  +   840
         -     -   420  -   420
         -     +   420  +   420                     420    420      420
Entn.    -     +   580  + 2.840            580          2.840
                                     ∅   3.420  4.020  6.860    3.260
                                                - 600        + 3.600


Oder (saldiert)

Kfz      -     - 3.600    -                    3.600      3.600
Ford.    -     + 2.840    -              2.840                          2.840
UStVK    -     +   840  +   840
         -     -   420  -   420
         -     +   420  +   420                     420     ∅
Entn.    -     +   580  + 2.840            580           2.840
                                     ∅   3.420  4.020  6.440    2.840
                                                - 600        + 3.600


GuV
AfA      -     -   300  - 3.600             300          3.600
Rep.     -     + 3.000    -                         3.000
a.o.Ertr. -    + 2.100    -              2.100
                                     ∅   2.400  3.000 + 3.600
                                                - 600
```

PROBE

Richtige Buchungen:

01:	AfA	3.600	an	Kfz	3.600
02:	AfA	3.300	an	Kfz	3.300
	Forderungen	2.840		Kfz	3.900
	Reparaturen	3.000	an	UStVK (USt-Schuld)	840
	UStVK (Vorsteuer)	420		a.o. Ertrag	2.100
	Entnahmen	580			
03:	Kasse	2.840	an	Forderungen	2.840
	Entnahmen	2.840	an	Kasse	2.840

Gegenüberstellung der Änderungen der Bp und der Firma:

Bilanz	Änderungen			Gewinnauswirkung					
	01	02	03	+ 01 -		+ 02 -		+ 03 -	
Kraftfahrzeuge									
Bp:	+ 7.200	-	-						
Fa.:	+ 7.200	+ 3.600	-			3.600	3.600		
	-	- 3.600	-						
Tz. 2b	+ 1.700	-	-						
	+ 1.700	- 3.600	-						
Ansatz:									
HB/StB	+ 120.000	+ 70.000	+ 20.000						
PB	+ 121.700	+ 66.400	+ 20.000						
Forderungen									
Bp:	-	+ 2.840	-						
Fa.:	-	-	-						
	-	+ 2.840	-		2.840				2.840
Ansatz:									
HB/StB	+ 280.000	+ 300.000	+ 380.000						
PB	+ 280.000	+ 302.840	+ 380.000						
		Übertrag:		2.840	3.600	3.600	2.840		

Lösung

	Bilanz	Änderungen			Gewinnauswirkung					
		01	02	03	+ 01	−	+ 02	−	+ 03	−
Übertrag:					2.840	3.600	3.600	2.840		

UStVK (als Schuldkonto)

Bp:	−	+ 840	+ 840	
	−	− 420	− 420	
	−	+ 420	+ 420	
Fa.:	−	−	−	
s. Tz.9	−	+ 330	+ 330	

                                            420   420   420

Entnahmen

Bp:	−	+ 580	+ 2.840	
Fa.:	−	−	−	
s. Tz. 10	−	+ 580	+ 2.840	

                                    580   2.840
                      ∅   3.420   4.020   6.860   3.260
                                − 600   + 3.600

GuV

AfA

Bp:	+ 3.600	+ 3.300	−	
Fa.:	+ 3.600	+ 3.600	+ 3.600	
	−	− 300	− 3.600	

                                             300   3.600

Reparaturen

Bp:	−	+ 3.000	−	
Fa.:	−	−	−	
	−	+ 3.000	−	

                                                    3.000

a.o. Ertrag

Bp:	−	+ 2.100	−	
Fa.:	−	−	−	
	−	+ 2.100	−	

                                    2.100
                      ∅   2.400   3.000 + 3.600
                                  − 600

Übungsaufgabe

Darstellung anhand von T-Konten:

(AB = Anfangsbestand; BV = Bilanzvortrag)

Firma: Kraftfahrzeuge   Forderungen

O1:	AB	10.800	1)	3.600			
			Bil.	7.200			
O2:	BV	7.200	2)	3.600			
			Bil.	3.600			
O3:	BV	3.600	3)	3.600			

Bp: Kraftfahrzeuge   Forderungen

O1:	AB	10.800	1)	3.600				
			Bil.	7.200				
O2:	BV	7.200	2)	3.300	3)	2.840	Bil.	2.840
			3)	3.900				
O3:					BV	2.840	4)	2.840

Änderungen:

O1:	∅		ohne Änderung	O1:	∅	ohne Änderung
O2:	− 3.600	}	Verminderung eines Aktivpostens	O2:	+ 2.840 }	Erhöhung eines Aktivpostens
O3:	∅		ohne Änderung	O3:	∅	ohne Änderung

Firma: UStVK (als Schuldkonto)   Kasse

O1:							
O2:							
O3:							

Bp: UStVK (als Schuldkonto)   Kasse

O1:								
O2:	3)	420	3)	840				
	Bil.	420						
O3:	Bil.	420	BV	420	4)	2.840	5)	2.840

Änderungen:

O1:	∅	ohne Änderung	O1:	∅ }	
O2:	+ 420 }	Erhöhung eines Passivpostens	O2:	∅ }	ohne Änderung
O3:	+ 420		O3:	∅ }	

Lösung

Firma:	Entnahmen			AfA			
O1:				1)	3.600	GuV	3.600
O2:				2)	3.600	GuV	3.600
O3:				3)	3.600	GuV	3.600

Bp:	Entnahmen				AfA			
O1:					1)	3.600	GuV	3.600
O2:	3)	580	Bil. (Kap)	580	2)	3.300	GuV	3.300
O3:	5)	2.840	Bil. (Kap)	2.840				

Änderungen:

O1:   ∅   ⎫   O1: ohne Änderung
O2: + 580   ⎬   Verminderung eines Passivpostens
O3: + 2.840 ⎭   (Kapitalkonto) durch Erhöhung
                       der Entnahmen

               O1:   ∅   ohne Änderung
               O2: −   300 ⎫ Verminderung eines
               O3: − 3.600 ⎭ Aufwandspostens

Firma:	Reparaturen			a.o. Ertrag			
O1:							
O2:							
O3:							

Bp:	Reparaturen				a.o. Ertrag			
O1:								
O2:	3)	3.000	GuV	3.000	GuV	2.100	3)	2.100
O3:								

Änderungen:

O1:   ∅   ohne Änderung   O1:   ∅   ohne Änderung
O2: + 3.000 ⎫ Erhöhung eines   O2: + 2.100 ⎫ Erhöhung eines
             ⎭ Aufwandspostens   ⎭ Ertragspostens
O3:   ∅   ohne Änderung   O3:   ∅   ohne Änderung

Tz. 6 Roh-, Hilfs- und Betriebsstoffe

Zu a)

Die Lieferung ist bereits in 01 erfolgt und deshalb auch in 01 zu buchen.

Dagegen kann die Vorsteuer erst in 02 gebucht werden, da sie erst in 02 in Rechnung gestellt wurde (§ 15 Abs. 1 Nr. 1 UStG). In 01 kann jedoch ein Bilanzposten "noch nicht verrechenbare Vorsteuer" (n.n.v.V.) auf der Aktivseite gebildet werden, der dann in 02 aufgelöst wird.

Richtige Buchungen:

```
01:    Wareneingang         10.000
       n.n.v.V.              1.400  an Verbindlichkeiten  11.400

02:    Verbindlichkeiten    11.100  an Bank               11.400
       UStVK (Vorsteuer)     1.100  an n.n.v.V.            1.400
```

Nach der Formel:

    Warenbestand Anfang (WBA)
+ Warenzugang (WZ) _____

    Warenabgang (WA)
./. Warenbestand Ende (WBE) _____
= Wareneinsatz (WE)

treten nachstehende Änderungen und folgende Auswirkungen auf den WE, WBA und WBE in den Jahren 01 - 03 ein:

	Änderungen		Auswirkung					
			01		02		03	
	Fa.	Bp	Fa.	Bp	Fa.	Bp	Fa.	Bp
WBA:	–	–	–	–	–	–	–	–
+ WZ: 01:	–	+ 10.000	+ 10.000					
02:	+ 10.000	–			+ 10.000	–	–	–
			–	+ 10.000	+ 10.000	–	–	–
– WA:	–	–	–	–	–	–	–	–
– WBE:	–	–	–	–	–	–	–	–
= WE Änderungen			– + 10.000	+ 10.000	+ 10.000 – 10.000	–	–	–

Lösung   149

Durch die Vorziehung der Warenlieferung in das Jahr 01 erhöht sich also in 01 der Wareneingang und der Wareneinsatz um jeweils 10.000 DM, während sich der Wareneingang und der Wareneinsatz in 02 um 10.000 DM vermindert.

Der Bilanzposten "Roh-, Hilfs- und Betriebsstoffe" wird von diesem Vorgang nicht berührt, da die Ware im Inventar zum 31.12.01 enthalten war.

<u>Auswirkungen und Ermittlung des Ansatzes in der HB und PB nach Tz. 6a</u>

```
Bilanz       Änderungen                    Gewinnauswirkung
              01         02        03      +   01   -   +   02   -   +   03   -
n.n.v.V.
Bp:       +  1.400       -         -
Fa:           -          -         -
          +  1.400       -         -       1.400             1.400

Ansatz:
HB/StB        -          -         -
PB        +  1.400       -         -

Verbindlichkeiten
Bp:       + 11.400       -         -
Fa.:          -          -         -
          + 11.400       -         -              11.400  11.400

Ansatz:
HB        + 340.000  + 270.000  + 420.000
PB        + 351.400  + 270.000  + 420.000
nach Tz. 6a
                                           1.400  11.400  11.400  1.400      ∅
                                          - 10.000         + 10.000
GuV
Wareneinsatz
Bp:       + 10.000  - 10.000       -             - 10.000 + 10.000           ∅
                                           =================================
```

Übungsaufgabe

PROBE

Darstellung anhand von T-Konten nach dem "Brutto-Abschluß":
(AB = Anfangsbestand; BV = Bilanzvortrag)

Firma:			Wareneingang			UStVK (als Schuldkonto)			
O1:	AB	30.000	Bil.	40.000					
	WE	10.000							
O2:	BV	40.000	WE	30.000	1)	1.400	Bil.	1.400	
	1)	10.000	Bil.	20.000					
O3:	BV	20.000	Bil.	30.000					
	WE	10.000			BV	1.400	Bil.	1.400	

Bp:			Wareneingang			UStVK (als Schuldkonto)			
O1:	AB	30.000	WE	–					
	1)	10.000	Bil.	40.000					
O2:	BV	40.000	WE	20.000					
			Bil.	20.000	2)	1.400	Bil.	1.400	
O3:	BV	20.000	Bil.	30.000					
	WE	10.000			BV	1.400	Bil.	1.400	

Änderungen nach Tz. 6a:

    Roh-, Hilfs- und Betriebsstoffe

O1: ∅ ⎫
O2: ∅ ⎬ ohne Änderung
O3: ∅ ⎭

O1: ∅ ⎫
O2: ∅ ⎬ ohne Änderung
O3: ∅ ⎭

Firma:		n.n.v.V.			Bank			
O1:								
O2:					Bil.	11.400	1)	11.400
O3:					Bil.	11.100	BV	11.400

Bp:		n.n.v.V			Bank			
O1:	1)	1.400	Bil.	1.400				
O2:	BV	1.400	2)	1.400	Bil.	11.400	2)	11.400
O3:					Bil.	11.400	BV	11.400

Änderungen:

O1: + 1.400 } Erhöhung eines Aktivpostens
O2: ∅
O3: ∅ } ohne Änderung

O1: ∅
O2: ∅
O3: ∅ } ohne Änderung

Firma:

	Verbindlichkeiten		Wareneinsatz			
O1:			GuV	10.000	WE	10.000
O2:			WE	30.000	GuV	30.000
O3:			GuV	10.000	WE	10.000

Bp:

	Verbindlichkeiten				Wareneinsatz			
O1:	Bil.	11.400	1)	11.400				
O2:	2)	11.400	BV	11.400	WE	20.000	GuV	20.000
O3:					GuV	10.000	WE	10.000

Änderungen:

O1: + 11.400 } Erhöhung eines Passivpostens
O2: ∅
O3: ∅ } ohne Änderung

O1: + 10.000 } Erhöhung (O1) Verminderung (O2) eines Aufwandspostens
O2: − 10.000
O3: ∅ } ohne Änderung

Zu b)

Die Lieferung ist erst in O3 erfolgt (§§ 446, 447 BGB). Zum 31.12.02 liegt ein "schwebendes Geschäft" vor. Die Zahlung der Firma in O2 ist als "Anzahlung an Lieferanten" zu behandeln. Die Vorsteuer ist bereits in O2 geltend zu machen (§ 15 Abs. 1 Nr. 1 Satz 2 UStR).

Richtige Buchungen:

O2: Anzahlung an Lieferanten 5.000 an Bank 5.700
    UStVK (Vorsteuer) 700

O3: Wareneingang 5.000 an Anzahlung an Lieferanten 5.000

Nach der in Tz. 6a angeführten Formel treten nachstehende Änderungen und folgende Auswirkungen auf den WE, WBA und WBE in den Jahren O1 bis O3 ein:

Änderungen

	Fa.	Bp	01 Fa.	Bp	02 Fa.	Bp	03 Fa.	Bp
WBA:	-	-	-	-	-	-	-	-
+ Wz: 02:	+ 5.000	-	-	-	-	+ 5.000	-	-
03:	-	+ 5.000	-	-	-	-	-	+ 5.000
			-	-	+ 5.000	-	-	+ 5.000
- WA:	-	-	-	-	-	-	-	-
- WBE:	-	-	-	-	-	-	-	-
			-	-	+ 5.000	-	-	+ 5.000
= WE Änderungen			∅		- 5.000		+ 5.000	

Durch die Einbeziehung der Warenlieferung in das Jahr 03 vermindern sich Wareneingang (WZ) und Wareneinsatz (WE) in 02 und sie erhöhen sich in 03 um jeweils 5.000 DM.

Der Bilanzposten "Roh-, Hilfs- und Betriebsstoffe" zum 31.12.02 ändert sich durch diesen Vorgang nicht.

Auswirkungen und Ermittlung des Ansatzes in der PB:

Bilanz	Änderungen			Gewinnauswirkung					
	01	02	03	+ 01	-	+ 02	-	+ 03	-
Anzahlung an Lieferanten									
Bp:	-	+ 5.000	-						
Fa.:	-	-	-						
	-	+ 5.000	-			5.000			5.000
Ansatz:									
HB/StB	-	-	-						
PB	-	+ 5.000	-						
UStVK (als Schuldkonto)									
Bp	-	- 700	- 700						
	-	- 700	- 700						
Tz. 9	-	-	-						
				∅		5.000			5.000
						+ 5.000		- 5.000	
GuV									
Waren-einsatz	-	- 5.000	+ 5.000			5.000			5.000

Lösung

PROBE

Darstellung anhand von T-Konten nach dem "Brutto-Abschluß":

(BV = Bilanzvortrag; AB = Anfangsbestand)

Firma:

	Anzahlung an Lieferanten			Bank			
01:							
02:				Bil.	5.700	1)	5.700
03:				Bil.	5.700	BV	5.700

Bp:

	Anzahlung an Lieferanten				Bank			
01:								
02:	1)	5.000	Bil.	5.000	Bil.	5.700	1)	5.700
03:	BV	5.000	2)	5.000	Bil.	5.700	BV	5.700

Änderungen:

01:	∅	ohne Änderung	01: ∅	
02:	+ 5.000	} Erhöhung eines Aktivpostens	02: ∅	} ohne Änderung
03:	∅	ohne Änderung	03: ∅	

Firma:

	Wareneingang				UStVK (als Schuldkonto)			
01:	AB	30.000	Bil.	40.000				
	WE	10.000						
02:	BV	40.000	WE	25.000	1)	700	Bil.	700
	1)	5.000	Bil.	20.000				
03:	BV	20.000	Bil.	30.000	BV	700	Bil.	700
	WE	10.000						

Bp:

	Wareneingang				UStVK (als Schuldkonto)			
01:	AB	30.000	Bil.	40.000				
	WE	10.000						
02:	BV	40.000	Bil.	20.000	1)	700	Bil.	700
			WE	20.000				
03:	BV	20.000	Bil.	30.000	2) BV	700	Bil.	700
	2)	5.000						
	WE	5.000						

Änderungen nach Tz. 6b:

    Roh-, Hilfs- und Betriebsstoffe

O1: ∅ ⎫   O1: ∅ ⎫
O2: ∅ ⎬ ohne Änderung   O2: ∅ ⎬ ohne Änderung
O3: ∅ ⎭   O3: ∅ ⎭

Firma: Wareneinsatz

O1:	GuV	10.000	WE	10.000
O2:	WE	25.000	GuV	25.000
O3:	GuV	10.000	WE	10.000

Bp: Wareneinsatz

O1:	GuV	10.000	WE	10.000
O2:	WE	20.000	GuV	20.000
O3:	GuV	5.000	WE	5.000

Änderungen:

O1:   ∅   ohne Änderung
O2: - 5.000   Verminderung ⎫
O3: + 5.000   Erhöhung   ⎬ eines Aufwandspostens

Oder:

Firma: Wareneingang   Wareneinsatz

O1:							
O2:	1)	5.000	WE	5.000	WE	5.000	GuV	5.000
O3:							

Bp: Wareneingang   Wareneinsatz

O1:							
O2:							
O3:	2)	5.000	WE	5.000	WE	5.000	GuV	5.000

Lösung   155

Änderungen: Roh-, Hilfs-
            u.Betriebsstoffe

O1: Ø ⎫   O1:   Ø   ⎫ ohne Änderung
O2: Ø ⎬ ohne Änderung   O2: - 5.000 ⎬ Verminderung
O3: Ø ⎭   O3: + 5.000 ⎭ Erhöhung eines
                                                    Aufwandspostens

Zu c)

Die Lieferung ist in O3 erfolgt und daher auch in O3 zu
buchen. Sie ist bei der Inventur zu berücksichtigen und
mit 1.500 DM (Erlös von 1.710 DM abzüglich darin enthal-
tene USt-Schuld von 14 % = 210 DM) zu bewerten.

Die in der Rechnung über die Warenlieferung gesondert ausgewiesene Vorsteuer kann erst in O4 geltend gemacht werden,
in O3 aber ein Aktivposten "n.n.v.V." (vgl. Tz. 6a) gebildet werden.

Nach der in Tz. 6a) angeführten Formel treten nachstehende
Änderungen und folgende Auswirkungen auf den WE, WBA und
WBE in den Jahren O1 bis O3 ein:

		Änderungen		Auswirkungen					
				O1		O2		O3	
		Fa.	Bp	Fa.	Bp	Fa.	Bp	Fa.	Bp
WBA:		-	-	-	-	-	-	-	-
+ WZ:	O3:	-	+ 8.000	-	-	-	-	-	+ 8.000
				-	-	-	-	-	+ 8.000
- WA:		-	-	-	-	-	-	-	-
- WBE:	O3:	-	+ 1.500	-	-	-	-	-	- 1.500
				-	-	-	-	-	+ 6.500
= WE Änderungen				Ø		Ø		+ 6.500	

Durch die Vorziehung der Warenlieferung in das Jahr O3 erhöht sich in O3 der Warenendbestand um 1.500 DM und der
Wareneinsatz um 6.500 DM.

Richtige Buchungen:

O3: Wareneingang   8.000   an Verbindlichkeiten 9.120
    n.n.v.V.   1.120

Auswirkungen und Ermittlung des Ansatzes in der PB:

Bilanz	Änderungen			Gewinnauswirkung					
	01	02	03	+ 01	−	+ 02	−	+ 03	−
Roh-, Hilfs- und Betriebsstoffe									
Bp:	−	−	+ 1.500						
Fa.	−	−	−						
	−	−	+ 1.500					1.500	
Ansatz:									
HB/StB	+ 40.000	+ 20.000	+ 30.000						
PB	+ 40.000	+ 20.000	+ 31.500						
n.n.v.V.									
Bp:	−	−	+ 1.120						
Fa.:	−	−	−						
	−	−	+ 1.120					1.120	
Tz.6a)	+ 1.400	−	−						
	+ 1.400	−	+ 1.120						
Ansatz:									
HB/StB	−	−	−						
PB	+ 1.400	−	+ 1.120						
Verbindlichkeiten									
Bp:	−	−	+ 9.120						
Fa.:	−	−	−						
	−	−	+ 9.120						9.120
Tz.6a)	+ 11.100	−	−						
	+ 11.100	−	+ 9.120						
Ansatz:									
HB	+ 340.000	+ 270.000	+ 420.000						
PB	+ 351.100	+ 270.000	+ 429.120	∅		∅		2.620	9.120
								− 6.500	
GuV									
Waren-einsatz	−	−	+ 6.500	∅		∅			− 6.500

Lösung   157

PROBE

Darstellung anhand von T-Konten nach dem "Brutto-Abschluß":
(AB = Anfangsbestand; BV = Bilanzvortrag)

Firma:

		Wareneingang				n.n.v.V.		
O1:	AB	30.000	Bil.	40.000				
	WE	10.000						
O2:	BV	40.000	WE	20.000				
			Bil.	20.000				
O3:	BV	20.000	Bil.	30.000				
	WE	10.000						

Bp:

		Wareneingang				n.n.v.V.		
O1:	AB	30.000	Bil.	40.000				
	WE	10.000						
O2:	BV	40.000	WE	20.000				
			Bil.	20.000				
O3:	BV	20.000	Bil.	31.500	1)	1.120	Bil.	1.120
	1)	8.000						
	WE	3.500						

Änderungen:

Roh-, Hilfs- und Betriebsstoffe

O1: ∅ } ohne Änderung   O1: ∅ } ohne Änderung
O2: ∅   O2: ∅

O3: + 1.500 } Erhöhung eines   O3: + 1.120 } Erhöhung eines
              Aktivpostens   Aktivpostens

Firma:

	Verbindlichkeiten			Wareneinsatz		
O1:			GuV	10.000	WE	10.000
O2:			WE	20.000	GuV	20.000
O3:			GuV	10.000	WE	10.000

Bp:

	Verbindlichkeiten				Wareneinsatz		
O1:					GuV	10.000	WE	10.000
O2:					WE	20.000	GuV	20.000
O3:	Bil.	9.120	1)	9.120	GuV	3.500	WE	3.500

Änderungen:

01: ∅ } ohne Änderung   01: ∅ } ohne Änderung
02: ∅   02: ∅

03: + 9.120 } Erhöhung eines   03: + 6.500 } Erhöhung eines
             Passivpostens   Aufwandspostens

Tz. 7 Unfertige und Fertigerzeugnisse

Zu a)

Fertigerzeugnisse sind mit den Herstellungskosten oder mit dem niedrigeren Teilwert zu bewerten.

Ausgangsbasis für die Ermittlung des Teilwerts ist der im Januar 02 erzielte Verkaufserlös (nach Abschn. 36 Abs. 1 S. 10 EStR: der voraussichtlich erzielbare Verkaufserlös). Hiervon sind der durchschnittliche Unternehmergewinn, sowie die Verwaltungs- und Vertriebskosten abzusetzen, die im folgenden Jahr 02 anfallen.

Ermittlung des Teilwerts:	DM	DM
Erzielter Verkaufserlös (ohne USt)		10.000
abzüglich:		
Verwaltungskosten: 50 % von 600	300	
Vertriebskosten: 50 % von 300	150	
durchschnittlicher Unternehmergewinn: 10 % von 10.000	1.000	1.450
Teilwert		8.550
Herstellungskosten lt. Kalkulation		12.600

Folge:

Die Maschine ist am 31.12.01 mit dem Teilwert zu bilanzieren. Bei dem erzielten Erlös ist noch die USt zu berücksichtigen (abzuziehen).

Richtige Buchungen:

01: Unfertige und Fertigerzeugnisse 8.550 an Erlös unfertige und Fertigerzeugnisse 8.550

Lösung 159

02: Erlös unfertige und Fertigerzeugnisse	8.550	an	Unfertige und Fertigerzeugnisse	8.550
Forderungen	11.400		Erlös	10.000
			UStVK (USt-Schuld)	1.400
Bank	11.400	an	Forderungen	11.400

Auswirkungen und Ermittlung des Ansatzes in den PB nach Tz. 7a:

```
Bilanz      Änderungen                        Gewinnauswirkung
            01          02          03        +   01   -    +   02   -    +   03   -
Unfertige und Fertigerzeugnisse
Bp:       + 8.550       -           -
Fa.:        -           -           -                ┌─────────────────┐
          + 8.550       -           -         8.550                8.550
Ansatz:
HB/StB    + 350.000   + 280.000   + 400.000
PB        + 358.550   + 280.000   + 400.000
nach Tz. 7a
UStVK
Bp:         -         + 1.400     + 1.400                      ┌─────┐
Fa.:        -           -           -                          1.400       1.400    1.400
s.Tz.9      -         + 1.400     + 1.400     ─────────────────────────────────────────
                                              + 8.550       - 9.950   1.400     1.400
                                                                          ø

Oder (saldiert):
Unfertig-u.
Fertigerz.
          + 8.550       -           -         8.550                8.550
UStVK       -         + 1.400     + 1.400                          1.100       ø
                                              ─────────────────────────────────
                                              + 8.550       - 9.950        ø
GuV: Erlöse
Bp:         -         + 10.000      -
Fa.:        -         + 11.400      -
            -         - 1.400       -                              1.400
Erlöse Unfertig- und Fertigerzeugnisse
Bp:       + 8.550     - 8.550       -
Fa.:        -           -           -
          + 8.550     - 8.550       -         8.550                8.550
                                              ─────────────────────────────────
                                              + 8.550       - 9.950        ø
```

PROBE

Darstellung anhand von T-Konten:

(BV = Bilanzvortrag)

Firma:	Unfertige und Fertigerzeugnisse		Forderungen			
O1:						
O2:			1)	11.400	2)	11.400
O3:						

Bp:	Unfertige und Fertigerzeugnisse				Forderungen			
O1:	1)	8.550	Bil.	8.550				
O2:	BV	8.550	2)	8.550	3)	11.400	4)	11.400
O3:								

Änderungen:

O1:	+ 8.550	}	Erhöhung eines Aktivpostens	O1:	Ø	}	
O2:	Ø	}	ohne Änderung	O2:	Ø	}	ohne Änderung
O3:	Ø	}		O3:	Ø	}	

Firma:	UStVK (als Schuldkonto)				Bank		
O1:							
O2:			2)	11.400	Bil.	11.400	
O3:			BV	11.400	Bil.	11.400	

Bp:	UStVK (als Schuldkonto)				Bank		
O1:							
O2:	Bil. 1.400		3) 1.400		4) 11.400		Bil. 11.400
O3:	Bil. 1.400		BV 1.400		BV 11.400		Bil. 11.400

Änderungen:

O1:	Ø		ohne Änderung	O1:	Ø	}	
O2:	+ 1.400	}	Erhöhung eines	O2:	Ø	}	ohne Änderung
O3:	+ 1.400	}	Passivpostens	O3:	Ø	}	

Lösung   161

Firma: Erlös Unfertige und
           Fergigerzeugnisse   Erlös

O1:
O2:   GuV 11.400 | 1) 11.400
O3:

Bp: Erlös Unfertige und
           Fergigerzeugnisse   Erlös

O1: GuV 8.550 | 1) 8.550
O2: 2)   8.550 | GuV 8.550   GuV 10.000 | 3) 10.000
O3:

Änderungen:

O1: + 8.550 ⎫ Erhöhung   O1:   ∅   ohne Änderung
              ⎪ Verminde-   ⎫ Verminderung
O2: - 8.550 ⎬ derung ei-   O2: - 1.400 ⎬ eines Ertrags-
              ⎪ nes Ertrags-   ⎭ postens
              ⎭ postens   O3:   ∅   ohne Änderung
O3:   ∅   ohne Änderung

Zu b)

Mit der Fertigstellung und der Abnahme der Maschine im Dezember O2 durch die Firma Klug hat Firma Floh den Vertrag erfüllt und damit gegenüber der Firma Klug einen Anspruch (Forderung).

Richtige Buchungen:

O1: Forderungen 13.680 an Erlös   12.000
                            UStVK (USt-Schuld)   1.680
    Bank   13.680 an Forderungen   13.680

Auswirkungen und Ermittlung des Ansatzes in der PB:

Bilanz	Änderungen			Gewinnauswirkung					
	01	02	03	+ 01	-	+ 02	-	+ 03	-
Anzahlung von Kunden									
Bp:	-	-	-						
Fa.:	-	-	+ 13.680						
	-	-	- 13.680					13.680	
Ansatz:									
HB/StB	-	-	+ 13.680						
PB	-	-	-						
Unfertige und Fertigerzeugnisse									
Bp:	-	-	-						
Fa.:	-	-	+ 10.000						
	-	-	- 10.000					10.000	
Tz. 7a	+ 8.550	-	-						
	+ 8.550	-	- 10.000						
Ansatz:									
HB	+ 350.000	+ 280.000	+ 400.000						
PB	+ 358.550	+ 280.000	+ 390.000						
UStVK (als Schuldkonto)									
Bp:	-	-	+ 1.680						
Fa.:	-	-	-						
s.Tz. 9	-	-	+ 1.680					1.680	
				∅		∅		13.680	11.680
								+ 2.000	
GuV									
Erlös									
Bp:	-	-	+ 12.000						
Fa.:	-	-	-						
	-	-	+ 12.000					12.000	
Erlös Unfertige und Fertigerzeugnisse									
Bp:	-	-	-						
Fa.:	-	-	+ 10.000						
	-	-	- 10.000						10.000
				∅		∅		12.000	10.000
								+ 2.000	

Lösung

PROBE

Darstellung anhand von T-Konten:

(BV = Bilanzvortrag)

Firma: Unfertige und Fertigerzeugnisse | Anzahlung von Kunden

	Unfertige und Fertigerzeugnisse			Anzahlung von Kunden	
O1:					
O2:					
O3:	1) 10.000	Bil. 10.000	Bil. 13.680	2) 13.680	

Bp: Unfertige und Fertigerzeugnisse | Anzahlung von Kunden

O1:					
O2:					
O3:					

Änderungen:

O1: ∅ } ohne Änderung
O2: ∅
O3: − 10.000 } Verminderung eines Aktivpostens

O1: ∅ } ohne Änderung
O2: ∅
O3: − 13.680 } Verminderung eines Passivpostens

Firma: Forderungen | Bank

	Forderungen		Bank	
O1:				
O2:				
O3:			2) 13.680	Bil. 13.680

Bp: Forderungen | Bank

	Forderungen		Bank	
O1:				
O2:				
O3:	1) 13.680	2) 13.680	2) 13.680	Bil. 13.680

Änderungen:

O1: ∅
O2: ∅ } ohne Änderung
O3: ∅

O1: ∅
O2: ∅ } ohne Änderung
O3: ∅

Übungsaufgabe

Firma: Erlös | Erlös Unfertige und Fertigerzeugnisse

O1:
O2:
O3: | GuV 10.000 | 1) 10.000

Bp: Erlös | Erlös Unfertige und Fertigerzeugnisse

O1:
O2:
O3: GuV 12.000 | 1) 12.000 |

Änderungen:

O1: ∅   ⎫ ohne   O1: ∅   ⎫ ohne
O2: ∅   ⎬ Änderung   O2: ∅   ⎬ Änderung
            ⎫ Erhöhung ei-   ⎫ Verminde-
O3: + 12.000⎬ nes Ertrags-   O3: − 10.000 ⎬ rung eines
            ⎭ postens   ⎭ Ertrags-
                                              postens

Firma: UStVK (als Schuldkonto)

O1:
O2:
O3:

Bp: UStVK (als Schuldkonto)

O1:
O2:
O3: Bil. 1.680 | 1) 1.680

Änderungen:

O1: ∅   ⎫
O2: ∅   ⎬ ohne Änderung
O3: + 1.680 ⎭ Erhöhung eines
               Passivpostens

Lösung   165

Tz. 8 Rückstellungen

zu a)

Die Rückstellung zum 31.12.01 ist nach dem Sachverhalt nicht zu beanstanden. Sie muß jedoch in 02, soweit in der zurückgestellten Höhe keine Aufwendungen entstehen, über a.o. Ertrag aufgelöst werden.

Richtige Buchungen:

```
01: Prozeßkosten     8.000   an Rückstellungen  8.000
02: Rückstellungen   8.000   an Bank            5.000
                             a.o. Ertrag        3.000
```

Auswirkungen und Ermittlung des Ansatzes in der PB nach Tz. 8a

```
   Bilanz    Änderungen                  Gewinnauswirkung
                 01        02       03    + 01 -   + 02 -   + 03 -
   Rückstellungen
   Bp:    + 8.000     -         -
   Fa.:   + 8.000   + 3.000   + 3.000                ┌─────────────┐
                    - 3.000   - 3.000     3.000     3.000    3.000
   Ansatz:
   HB/StB + 88.000 + 103.000 + 73.000
   PB     + 88.000 + 100.000 + 70.000
   nach Tz. 8a                                 ∅    + 3.000   3.000   3.000
                                                                        ∅

   Oder (saldiert)
   Rückst.    -    - 3.000  - 3.000         3.000              ∅
                                               ∅   + 3.000              ∅
   GuV
   a.o. Ertrag
   Bp:       -   + 3.000     -
   Fa.:      -      -        -
             -   + 3.000     -              ∅    + 3.000              ∅
```

PROBE

Darstellung anhand von T-Konten:

(BV = Bilanzvortrag)

Firma:

	Rückstellungen				Bank			
O1:	Bil.	8.000	1)	8.000				
O2:	2)	5.000	BV	8.000	Bil.	5.000	2)	5.000
	Bil.	3.000						
O3:	Bil.	3.000	BV	3.000	Bil.	5.000	BV	5.000

Bp:

	Rückstellungen				Bank			
O1:	Bil.	8.000	1)	8.000				
O2:	2)	8.000	BV	8.000	Bil.	5.000	2)	5.000
O3:					Bil.	5.000	BV	5.000

Änderungen:

O1: ∅   ⎫ ohne Änderung   O1: ∅ ⎫
O2: - 3.000 ⎬ Verminderung   O2: ∅ ⎬ ohne Änderung
O3: - 3.000 ⎭ eines Passiv-   O3: ∅ ⎭
             postens

Firma:

	Prozeßkosten				a.o. Ertrag			
O1:	1)	8.000	GuV	8.000				
O2:								
O3:								

Bp:

	Prozeßkosten				a.o. Ertrag			
O1:	1)	8.000	GuV	8.000				
O2:					GuV	3.000	2)	3.000
O3:								

Änderungen:

O1: ∅ ⎫   O1: ∅   ohne Änderung
O2: ∅ ⎬ ohne Änderung   O2: + 3.000 ⎫ Erhöhung eines
O3: ∅ ⎭   ⎭ Ertragspostens
                                     O3: ∅   ohne Änderung

Lösung 167

Zu b)

Eine Gegenüberstellung der in den HB/StB und PB gebildeten Rückstellungen führt zu folgenden Änderungen:

	01	02	03
Rückstellung in der			
PB zum 31.12	50.000	60.000	50.000
HB/StB zum 31.12.	80.000	100.000	70.000
Änderungen	− 30.000	− 40.000	− 20.000
Tz. 8a	−	− 3.000	− 3.000
	− 30.000	− 43.000	− 23.000

Ansatz:

	01	02	03
HB/StB	+ 88.000	+ 103.000	+ 73.000
PB	+ 58.000	+ 60.000	+ 50.000

Auswirkungen:

Bilanz — Änderungen

	01	02	03
Rückst.	− 30.000	− 40.000	− 20.000

Gewinnauswirkung

	+ 01 −	+ 02 −	+ 03 −
	30.000	40.000 30.000	20.000 40.000
	+ 30.000	40.000 30.000	20.000 40.000
		+ 10.000	− 20.000

Oder (saldiert):

	01	02	03
Rückst.	− 30.000	− 40.000	− 20.000

	30.000	10.000	20.000
	+ 30.000	+ 10.000	− 20.000

GuV

Aufwendungen für Garantiearbeiten (saldiert):

	01	02	03
Bp:	−	+ 10.000	− 10.000
Fa.:	+ 30.000	+ 20.000	− 30.000
	− 30.000	− 10.000	+ 20.000

| + 30.000 | + 10.000 | − 20.000 |

PROBE

Darstellung anhand von T-Konten:

(AB = Anfangsbestand; BV = Bilanzvortrag;
Erh. = Erhöhung; Aufl. = Auflösung)

Firma:

		Rückstellungen				Aufwendungen für Garantiearbeiten		
O1:	Bil.	80.000	AB Erh. 1)	50.000 30.000	1)	30.000	GuV	30.000
O2:	Bil.	100.000	BV Erh. 2)	80.000 20.000	2)	20.000	GuV	20.000
O3:	Bil. Aufl.3)	70.000 30.000	BV	100.000	GuV	30.000	3)	30.000

Bp:

		Rückstellungen				Aufwendungen für Garantiearbeiten		
O1:	Bil.	50.000	AB	50.000				
O2:	Bil.	60.000	BV Erh. 1)	50.000 10.000	1)	10.000	GuV	10.000
O3:	Bil. Aufl.2)	50.000 10.000	BV	60.000	GuV	10.000	2)	10.000

Änderungen:

O1: – 30.000 ⎫
O2: – 40.000 ⎬ Verminderung eines Passivpostens
O3: – 20.000 ⎭

O1: – 30.000   Verminderung
O2: – 10.000   Verminderung
O3: + 20.000 { Erhöhung eines Aufwandspostens

Lösung 169

Tz. 9 UStVK (als Schuldkonto)

Ermittlung der Änderungen und des PB-Wertansatzes:

Bilanz	Änderungen					
	+ 01 -		+ 02 -		+ 03	-
Tz. 2e	1.500		1.500			
Tz. 5			420		420	
Tz. 7a			1.400		1.400	
Tz. 7b					1.680	
	1.500		3.320		3.500	

Ansatz:

HB/StB	1.000		-		1.000	
PB	2.500		3.320		4.500	

Tz. 10 Entnahmen und Einlagen

Entnahmen	Änderungen					
	+ 01 -		+ 02 -		+ 03	-
Tz. 5			580		2.840	
			580		2.840	

Ansatz:

HB/StB	80.800		172.700		90.600	
PB	80.800		173.280		93.440	

Einlagen: keine Änderung.

Bilanzen der Firma Werner Floh

A k t i v a	HB/StB 31.12.00 DM	HB/StB 31.12.01 DM	Tz.	Änderungen	
Grund und Boden	150.000	70.000	2a 3	+ 4.000 + 40.000	
Fabrikgebäude	162.000	158.000			
Kraftfahrzeuge	180.000	120.000	2b	+ 1.700	
Übriges Anlagevermögen	420.000	350.000			
Roh-, Hilfs- und Betriebsstoffe	30.000	40.000			
unfertige und Fertigerzeugnisse	220.000	350.000	7a	+ 8.550	
Forderungen	350.000	280.000			
Sonstige Forderungen	7.000	7.000	2f	- 5.000	
noch nicht verrechenbare Vorsteuer (n.n.v.V.)	-	-	6a	+ 1.400	
Anzahlung an Lieferanten	-	-		-	
Übriges Umlaufvermögen	280.000	350.000			
	1.799.000	1.725.000			1.

P a s s i v a					
Verbindlichkeiten	250.000	340.000	6a	+ 11.400	
Anzahlung von Kunden	-	-			
UStVK (Schuldkonto)	2.000	1.000	2e	+ 1.500	
Rückstellungen	50.000	88.000	8b	- 30.000	
§ 6b-Rücklage	-	-	3	+ 40.000	
Übrige Passiva	1.157.000	916.000			
Kapital	340.000	380.000			
	1.799.000	1.725.000			1.
Entnahmen	90.200	80.800			
Einlagen	-	-			

.02	Tz.	Änderungen	PB 31.12.02 DM	HB/StB 31.12.03 DM	Tz.	Änderungen	PB 31.12.03 DM
00	2a 3	+ 4.000 + 40.000	114.000	70.000	2a 3	+ 4.000 + 40.000	114.000
00			154.000	150.000	4	+ 68.600	218.600
00	5	- 3.600	66.400	20.000			20.000
00			310.000	260.000			260.000
00			20.000	30.000	6c	+ 1.500	31.500
00			280.000	400.000	7b	- 10.000	390.000
00	5	+ 2.840	302.840	380.000			380.000
00	2f	- 5.000	2.000	7.000	2f	- 7.000	-
			-	-	6c	+ 1.120	1.120
	6b	+ 5.000	5.000	-			-
00			260.000	240.000			240.000
00			1.514.240	1.557.000			1.655.220
000			270.000	420.000	6c	+ 9.120	429.120
				13.680	7b	- 13.680	-
	2e 5 7a	+ 1.500 + 420 + 1.400	3.320	1.000	5 7a 7b	+ 420 + 1.400 + 1.680	4.500
000	8a 8b	- 3.000 - 40.000	60.000	73.000	8a 8b	- 3.000 - 20.000	50.000
	3	+ 40.000	40.000	-	3 4	+ 40.000 - 40.000	-
000			748.000	707.320			707.320
000			392.920	342.000			464.280
000			1.514.240	1.557.000			1.655.220
700	5	+ 580	173.280	90.600	5	+ 2.840	93.440
000			10.000	-			-

Mehr- und Wenigerrechnung nach der Bilanzmethode

	Tz.	+ 01	−	+ 02	−	+ 03	−
Grund und Boden	2a	4.000		4.000	4.000	4.000	4.000
Kapital (quasi-Einlage)	2a		4.000				
Kraftfahrzeuge	2b	1.700		1.700			
Kapital (quasi-Einlage)	2b		3.400				
Kapital (quasi-Einlage)	2c		10.000				
UStVK	2e		1.500	1.500	1.500	1.500	
Kapital (quasi-Entnahme)	2e	1.500					
Sonstige Forderungen	2f		5.000	5.000	5.000	5.000	7.000
Kapital (quasi-Entnahme)	2f	5.000					
Grund und Boden	3	40.000		40.000	40.000	40.000	40.000
§ 6b-Rücklage	3		40.000	40.000	40.000	40.000	40.000
Fabrikgebäude	4					68.600	
§ 6b-Rücklage	4					40.000	
Kraftfahrzeuge	5				3.600	3.600	
Forderungen	5		2.840				2.840
UStVK	5				420	420	420
Entnahmen	5		580			2.840	
noch nicht verrechenbare Vorsteuer	6a	1.400		1.400			
Verbindlichkeiten	6a		11.400	11.400			
Anz. an Lieferanten	6b			5.000			5.000
UStVK	6b						
Roh-, Hilfs- und Betriebsstoffe	6c					1.500	
n.n.v.V.	6c					1.120	
Verbindlichkeiten	6c						9.120
Unfertige und Fertigerzeugnisse	7a	8.550			8.550		
UStVK	7a				1.400	1.400	1.400
Anzahlung v. Kunden	7b					13.680	
Unfertige und Fertigerzeugnisse	7b						10.000
UStVK	7b						1.680
Rückstellung	8a			3.000		3.000	3.000
Rückstellung	8a	30.000		40.000	30.000	20.000	40.000
Änderungen		92.150	75.300	153.320	137.570	246.660	164.460
saldierte Änderungen		16.850		15.750		82.200	
Gewinn lt. HB/StB		120.800		132.700		82.600	
Gewinn lt. PB		<u>137.650</u>		<u>148.450</u>		<u>164.800</u>	

Lösung   173

Mehr- und Wenigerrechnung nach der Bilanzmethode (saldiert)

	Tz.	+ 01 −		+ 02 −		+ 03 −	
Grund und Boden	2a	4.000		Ø		Ø	
Kapital (quasi-Einlage)	2a		4.000				
Kraftfahrzeuge	2b	1.700			1.700		
Kapital (quasi-Einlage)	2b		3.400				
Kapital (quasi-Einlage)	2c		10.000				
UStVK	2e		1.500	Ø		1.500	
Kapital (quasi-Entnahme)	2e	1.500					
Sonstige Forderungen	2f		5.000	Ø			2.000
Kapital (quasi-Entnahme)	2f	5.000					
Grund und Boden	3	40.000		Ø		Ø	
§ 6b-Rücklage	3		40.000	Ø		Ø	
Fabrikgebäude	4					68.600	
§ 6b-Rücklage	4					40.000	
Kraftfahrzeuge	5				3.600	3.600	
Forderungen	5			2.840			2.840
UStVK	5				420	Ø	
Entnahmen	5			670		2.840	
n.n.v.V.	6a	1.400			1.400		
Verbindlichkeiten	6a		11.400	11.400			
Anz. an Lieferanten	6b			5.000			5.000
UStVK	6b						
Roh-, Hilfs- und Betriebsstoffe	6c					1.500	
n.n.v.V.	6c					1.120	
Verbindlichkeiten	6c						9.120
Unfertige und Fertigerzeugnisse	7a	8.550		8.550			
UStVK	7a			1.400		Ø	
Anzahlung v. Kunden	7b					13.680	
Unfertige und Fertigerzeugnisse	7b						10.000
UStVK	7b						1.680
Rückstellung	8a			3.000		Ø	
Rückstellung	8b	30.000		10.000			20.000
Änderungen		92.150	75.300	32.820	17.070	132.840	50.640
saldierte Änderungen		16.850		15.750		82.200	
Gewinn lt. HB/StB		120.800		132.700		82.600	
Gewinn lt. PB		137.650		148.450		164.800	

Mehr- und Wenigerrechnung nach der GuV-Methode

	Tz.	+ 01	−	+ 02	−	+ 03	−
AfA	2b		1.700	1.700			
Wareneinsatz	2c		10.000				
Betriebsteuern	2e					1.500	
a.o. Ertrag	2f						2.000
AfA	4						1.400
Gebäudeaufwendung	4					100.000	
Erlös Eigenarb.	4					10.000	
AfA	5			300		3.600	
Reparaturen	5				3.000		
a.o. Ertrag	5			2.100			
Wareneinsatz	6a		10.000	10.000			
Wareneinsatz	6b			5.000			5.000
Wareneinsatz	6c						6.500
Erlös	7a				1.400		
Erlös Unfertige und Fertigerzeugnisse	7a	8.550			8.550		
Erlös	7b					12.000	
Erlös Unfertige und Fertigerzeugnisse	7b						10.000
a.o. Ertrag	8a			3.000			
Aufwendungen für Garantiearbeiten	8b	30.000		10.000			20.000
Änderungen		38.550	21.700	30.400	14.650	127.100	44.900
saldierte Änderungen		16.850		15.750		82.200	
Gewinn lt. HB/StB		120.800		132.700		82.600	
Gewinn lt. PB		137.650		148.450		164.800	

Lösung 175

Mehr- und Wenigerrechnung nach der GuV-Methode (vereinfacht)

	Tz.	+	01	−	+	02	−	+	03	−
Tz. 2a			Ø			Ø			Ø	
Tz. 2b				1.700			1.700		Ø	
Tz. 2c				10.000						
Tz. 2d			Ø			Ø			Ø	
Tz. 2e			Ø			Ø			1.500	
Tz. 2f			Ø			Ø				2.000
Tz. 3			Ø			Ø			Ø	
Tz. 4			Ø			Ø			108.600	
Tz. 5			Ø				600		3.600	
Tz. 6a				10.000		10.000			Ø	
Tz. 6b			Ø			5.000				5.000
Tz. 6c			Ø			Ø				6.500
Tz. 7a			8.550				9.950		Ø	
Tz. 7b			Ø			Ø			2.000	
Tz. 8a			Ø			3.000			Ø	
Tz. 8b			30.000			10.000				20.000
Änderungen			38.550	21.700		28.000	12.250		115.700	33.500
saldierte Änderungen			16.850			17.750			82.200	
Gewinn lt. HB/StB			120.800			132.700			82.600	
Gewinn lt. PB			137.650			148.450			164.800	

Gewinnermittlung durch Vermögensvergleich

HB/StB		01	02	03
Betriebsvermögen (Kapital) 31.12		380.000	350.000	342.000
- Betriebsvermögen (Kapital) 1.1.		340.000	380.000	350.000
		40.000	- 30.000	- 8.000
+ Entnahmen		80.800	172.700	90.600
		120.800	142.700	82.600
- Einlagen		-	10.000	-
Gewinn		120.800	132.700	82.600

PB

		01	02	03
Betriebsvermögen (Kapital) 31.12.		407.750	392.920	464.280
Betriebsvermögen (Kapital) 1.1.				
lt. HB/StB 31.12.00	340.000			
+ Tz. 2a	4.000			
+ Tz. 2b	3.400			
+ Tz. 2c	10.000	17.400		
		357.400		
- Tz. 2e	1.500			
- Tz. 2f	5.000	6.500	350.900	407.750	392.920
		+ 56.850	- 14.830	+ 71.360
+ Entnahmen		80.800	173.280	93.440
		137.650	158.450	164.800
- Einlagen		-	10.000	-
Gewinn		137.650	148.450	164.800

Stichwortverzeichnis

Absetzung für Abnutzung (AfA), degressive 58 ff., 72 ff.
-, lineare 23 ff., 26 ff., 32 ff., 39 ff., 46 ff., 58 ff., 65 ff., 123 ff., 138 ff.
-, zeitanteilig (p.r.t.) 23 ff., 26 ff., 39 ff., 47 ff., 138 ff.
Änderungen 18, 33 ff., 51 ff., 83 ff., 106 ff., 133 ff.
Anfangskapital 133
Anpassung der PB an die HB/StB 121 ff.
Anschaffungskosten, Anlagevermögen 18, 46, 57, 65, 71
-, Forderungen 78
-, Roh-, Hilfs u. Betriebsstoffe (Warenbestand) 94, 100
-, Umlaufvermögen 78
Anzahlung an Lieferanten 151
Anzahlung von Kunden 115, 162 ff.
Aufstockung 46 ff., 111, 137 ff.
außerordentlicher Ertrag 58 ff., 65 ff., 72 ff., 142 ff., 165 ff.

Baraufgeld 57, 71
Bestandskonten 87
Betriebsausgaben 26, 39, 79, 138, 142
Betriebsteuern 111, 128 ff.
Betriebsvermögen 17
Bilanzänderung 11, 15 ff.
Bilanzberichtigung 11 ff.
Bilanzmethode 11, 34 ff., 56, 107
Bilanzvortrag 33
Bilanzzusammenhang 14 ff., 17, 30, 33, 37, 56, 96, 103, 121 ff.
Bruttoabschluß 89 ff., 91, 150 ff., 153 ff., 157 ff.
Buchwert 65, 72, 142

Debitoren 78, 161

Eigenarbeiten 112, 137 ff.
Eigenverbrauch 101 ff.
Einlagen 18, 22, 27, 30, 40, 66, 73 ff., 79
Einzelkosten 46
Entnahmen 17, 22, 30, 79 ff., 94 ff., 100 ff., 142 ff.
Erfolgskonten 87
Erwerbsnebenkosten 18, 46

Fabrikgebäude 45, 111 ff., 137 ff.
Fertigerzeugnisse 114, 158 ff.
Forderung 78, 161
Forderungsverlust 78 ff.

Garantiearbeiten 115 ff., 167 ff.
Gebäude 23 ff., 25 ff., 31 ff., 38 ff., 45 ff., 111 ff., 137 ff.
Gebäudeaufwendungen (siehe Hausaufwendungen)
Gemeinkosten 45
gemischte Konten 87 ff.
Geschäftsausstattung 57 ff.
Gewerbesteuer 111
Gewinnauswirkung 19, 34 ff., 36, 43, 85 ff.
Gewinnermittlung 17, 30

Grund und Boden 18, 20 ff.
23 ff., 25 ff., 31 ff.,
38 ff., 45 ff., 96, 111,
121, 134 ff.
GuV-Methode 11, 38 ff.

Hausaufwendungen 26 ff.,
39 ff., 45 ff.
Herstellungskosten 158 ff.
Hilfslöhne 79 ff.

Instandhaltung 72, 112,
138

Kalkulation 114
Kapital 121, 123, 126,
128, 130
Kraftfahrzeuge 65, 110,
112, 123 ff., 142 ff.

LKW (siehe Kraftfahrzeuge)

Maschinen 71 ff., 114 ff.
Maßgeblichkeit der HB für
die PB 16

Nennwert (Forderung) 78
Nettoabschluß 89
Niederstwertprinzip 78,
94
noch nicht verrechenbare
Vorsteuer 101, 148 ff.,
155 ff.
notwendiges Betriebsvermögen 18, 22, 23, 26,
31, 39

PKW (siehe Kraftfahrzeuge)
Privatanteil an PKW-Nutzung 111
pro rata temporis (p.r.t.)
23, 26, 32, 39, 47, 138
Prozeßkosten 165 ff.

Quasi-Einlagen 121, 123,
126, 134
Quasi-Entnahmen 128, 130,
134

Reisekosten 79 ff.
Reparatur 45, 65, 72, 112,
122, 142 ff.
Roh-, Hilfs- u. Betriebsstoffe 111, 113, 126 ff.,
148 ff.
Rohgewinn 88 ff.
rollende Ware 99
Rücklage § 6b 135 ff.,
137 ff.
Rückstellungen 115 ff.,
165 ff.

Schreibmaschine 59
Schrott 103, 155
sonstige Forderungen 111,
130 ff.
sonstige Verbindlichkeiten
57 ff., 71 ff.

Tausch 57, 71
Teilwert 94, 99, 158 ff.
Teilwertabschlag 93 ff., 99

Unfertige Erzeugnisse 114,
158 ff., 161 ff.
USt-Schuld 59 ff., 65 ff.,
72 ff., 77 ff., 101 ff.,
128 ff., 142 ff., 159 ff.,
161 ff.
UStVK (siehe USt-Schuld und
Vorsteuer)

Verbindlichkeiten 101 ff.,
148 ff.
Verkaufspreis 142
Vermögensänderung 25, 38
Vermögensumschichtung 10, 11

Vorsteuer 26, 40, 48 ff., 57 ff., 65 ff., 72 ff., 94 ff., 101 ff., 139 ff., 142 ff., 148 ff., 151 ff.

Wahlrecht 15, 135
Warenbestand 87 ff., 94 ff., 100 ff.

Wareneinkaufskonto (-eingangskonto) 87 ff., 94 ff., 101 ff., 148 ff., 154 ff.
Wareneinsatz 87, 94 ff., 101 ff., 148 ff., 154 ff.
Warenkonto 88 ff.
Warenverkaufskonto 87 ff., 94 ff., 101 ff.